CAPITALISMO GONZO

OUTROS LIVROS DE CHRIS GUILLEBEAU

The Art of Non-Conformity

A Startup de $100

A Felicidade da Busca

Born for This

Side Hustle

100 Side Hustles

The Money Tree

CHRIS GUILLEBEAU

CAPITALISMO GONZO

COMO GANHAR DINHEIRO NA NOVA ECONOMIA

ALTA BOOKS
GRUPO EDITORIAL
Rio de Janeiro, 2025

Capitalismo Gonzo

ISBN: 978-85-508-2564-9

Alta Cult é uma Editora do Grupo Editorial Alta Books.

Impresso no Brasil — 1ª Edição, 2025 — Edição revisada conforme o Acordo Ortográfico da Língua Portuguesa de 2009.

Dados Internacionais de Catalogação na Publicação (CIP)
(BENITEZ Catalogação Ass. Editorial, MS, Brasil)

G953c
1.ed. Guillebeau, Chris
Capitalismo Gonzo : como ganhar dinheiro na nova economia / Chris Guillebeau ; tradução Bernardo Kallina. - 1.ed. - Rio de Janeiro : Alta Cult, 2025.
224 p.; 15,7 x 23 cm.

Título original: Gonzo capitalism: how to make money in the new economy.
ISBN 978-85-508-2564-9

1. Capitalismo. 2. Dinheiro - Administração. 3. Economia. 4. Empreendedorismo. 5. Gestão de negócios. 6. Mercado de trabalho. I. Kallina, Bernardo. II. Título.

04-2025/212 CDD 338.1

Índice para catálogo sistemático:
1. Empreendedorismo : Dinheiro : Economia 338.1
Aline Graziele Benitez - Bibliotecária - CRB-1/3129

Grupo Editorial Alta Books

Produção Editorial: Grupo Editorial Alta Books
Diretor Editorial: Anderson Vieira
Editor da Obra: Jose Ruggeri
Vendas Governamentais: Cristiane Mutüs
Gerência Comercial: Claudio Lima

Produtor Editorial: Thiê Alves
Tradução: Bernardo Kallina
Copidesque: Cibelle Ravaglia
Revisão: Hellen Suzuki
Diagramação: Fernanda Buccelli

ALTA BOOKS
GRUPO EDITORIAL

Rua Viúva Cláudio, 291 — Bairro Industrial do Jacaré
CEP: 20.970-031 — Rio de Janeiro (RJ)
Tels.: (21) 3278-8069 / 3278-8419
www.altabooks.com.br — altabooks@altabooks.com.br
Ouvidoria: ouvidoria@altabooks.com.br

Editora
afiliada à:

O desejo humano não é um processo autônomo, mas coletivo. Queremos coisas porque as outras pessoas querem.

— René Girard

Se sou falsa, nem percebi, porque meu dinheiro não é.

— Nicki Minaj

Chris Guillebeau é autor best-seller no *New York Times* dos livros *A Startup de $100, A Felicidade da Busca, Side Hustle* e outros. Trabalhando por conta própria, ele visitou inúmeros países antes de completar 35 anos. Chris escreve para um pequena legião de pessoas notáveis em ChrisGuillebeau.com. Você pode segui-lo no X, antigo Twitter (@chrisguillebeau), no Instagram (@193 countries), ou ouvir seu podcast diário, *Side Hustle School,* em SideHustleSchool.com.

Sumário

Capítulo Um

A Revolução do Dinheiro

CONCEITO: o dinheiro sempre foi mais sobre percepção do que realidade. Se pessoas suficientes decidirem que ele tem algum valor, então, de repente, ele tem! Recentemente, no entanto, a compreensão do dinheiro ficou mais distorcida — e interessante — do que nunca.

Em algum momento da história recente, a economia global deixou de fazer sentido.

Pessoas por toda parte começaram a pensar em dinheiro de forma muito diferente. Descobrir o que tudo isso significava levaria algum tempo, mas os primeiros sinais eram impossíveis de ignorar.

Por um lado, centenas de milhares de pessoas sem experiência em finanças começaram a negociar ações de empresas em falência. *De propósito.* Essa última parte foi fundamental: elas sabiam que não havia uma boa razão para os preços das ações das empresas que negociavam subirem. Mas subiam, e *continuaram* subindo, frustrando os investidores profissionais que haviam assumido essa posição, apostando que as empresas em falência iriam, é claro, falir.

Investidores amadores que ganhavam muito dinheiro apostando em empresas falidas eram apenas um símbolo de como a economia estava mudando. O OnlyFans, rede social que, em grande parte, consistia de adultos vendendo acesso a vídeos íntimos, decolou — e profissionais da saúde exaustos e professores do ensino fundamental esgotados com a educação infantil virtual de repente descobriram uma forma *muito* mais lucrativa de ganhar a vida.

Conforme a plataforma crescia, crescia também o pânico moral. Em resposta, o CEO anunciou que o trabalho sexual seria banido em breve da plataforma — o que era um problema, porque todo o negócio fora *criado* em torno desse tipo de trabalho. Por fim, ele recuou diante da exigência de muitos dos atuantes, alguns dos quais estavam ganhando muito mais do que jamais ganhariam em um emprego mais convencional. Como um criador de conteúdo adulto disse: "Faço vídeos para as pessoas se masturbarem. Por que eu *não deveria* ser pago?"

Então, é claro, surgiram as criptomoedas. Elas prometiam mudar o mundo, nos tornando todos ricos no processo. A certa altura, o preço de um único Bitcoin chegou a quase US$ 69 mil. Isso aconteceu no mesmo mês em que o índice do mercado de ações S&P 500 caiu. Nesse meio-tempo, os preços dos tokens atingiram o valor mais alto já registrado. Os tokens "não fungíveis" (NFTs) mais vendidos (ou seja, únicos, mas em forma digital) na maior rede de blockchain eram *desenhos de macacos*. Algumas dessas imagens foram vendidas por US$1 milhão ou mais — tudo isso por um único JPEG. Até o preço do ouro, uma moeda tão antiga quanto o tempo, teve um aumento de 25%. Parecia que o valor de todos esses ativos havia se desvinculado completamente de seu valor no mundo real — e do resto da economia.

Nada disso fazia sentido nas antigas formas de pensar. Muitas pessoas embarcaram na ideia, enquanto outras declararam que era uma bolha e a descartaram por completo. Qualquer que fosse o grupo em que você estava, uma coisa era clara: era hora de começar a pensar de forma diferente sobre como o dinheiro funciona.

Este livro é sobre pensar de forma diferente.

Você sabe o que aconteceu a partir do verão de 2020. Houve uma pandemia, foi ruim, e isso mudou tudo.

O importante para nossa história é o que aconteceu depois.

Restaurantes, bares e lojas físicas ficaram vazios. As viagens pararam. Escolas e escritórios foram fechados, e muitas empresas anunciaram demissões, cortes de empregos e licenças. O governo federal dos Estados Unidos interveio para estancar a sangria, e bilhões de dólares em estímulos financeiros inundaram o país.

Contrariando as expectativas, a economia não encolheu, mas cresceu. Os preços de habitação dispararam. De repente, os economistas começaram a se preocupar com o *excesso de poupança*, ou, em outras palavras, com as pessoas não gastarem o suficiente de sua renda disponível.

Cheios de dinheiro, a porcentagem de norte-americanos investindo em criptomoedas dobrou no intervalo de um ano. Inesperadamente, motoristas de Uber falavam sobre algo chamado altcoins. Detentos, que recebiam incentivos em dinheiro como todo mundo, começaram a apostar em ações com sua nova fortuna.

Por mais de um ano, o Bitcoin subiu cada vez mais, assim como as ações da Tesla, da Peloton e de muitas outras empresas de tecnologia. Contudo, quando esses ativos finalmente retornaram aos níveis reais, uma profunda mudança na percepção havia se instalado. Como alguns dos investidores em empresas falidas diziam: “As ações só sobem”.

"O governo não pode simplesmente continuar imprimindo dinheiro!", disse um número surpreendentemente pequeno de pessoas na época. Mas foi exatamente o que aconteceu.

Um meme explicava essas tendências em termos ainda mais simples: *As impressoras de dinheiro estão vibrrrrando.*

Era como se todas as antigas regras tivessem desaparecido, e o dinheiro caísse do céu. E nada do que aconteceu depois — inflação recorde, altos preços dos combustíveis, ou as reportagens midiáticas sobre a falência das exchanges de criptomoedas — parecia reverter a mentalidade vigente.

Dinheiro: É o que Você Quiser que Seja

Vamos voltar um pouco no tempo. De onde vem o dinheiro, afinal? Da fada do dinheiro, claro. Ou, tecnicamente, vem do governo, que decide o tipo de dinheiro que deve emitir e quanto deve ser impresso.

Mas é tão simples assim? Claro que não... Espere. Na verdade, *é sim*.

Funciona da seguinte maneira: o governo imprime dinheiro quando quer, e, na maioria das vezes, as pessoas aceitam que vale o que lhes é dito.

Em 2009, Ben Bernanke, então presidente do Federal Reserve (Fed), foi encarregado de restaurar a ordem na economia mundial após uma crise hipotecária. Para isso, ele utilizou um recurso clássico: fornecer mais dinheiro aos grandes bancos.

Em uma entrevista, quando perguntado sobre a origem deste dinheiro — porque certamente ele não aparece do nada — Bernanke deu uma resposta curiosamente espontânea.

"Para emprestar a um banco", explicou, "simplesmente usamos o computador para aumentar o saldo da conta que eles têm com o Fed."

Era como se ele tivesse baixado a guarda por um momento para dizer a verdade: *O dinheiro não é real. É apenas um número que podemos alterar em um computador.*

O entrevistador pareceu momentaneamente confuso com esse raro momento de franqueza e fez uma pergunta para esclarecer a questão.

"Vocês imprimem dinheiro?", perguntou.

"Bem, na prática, sim", respondeu Bernanke.

Alguns anos depois, uma blogueira chamada Gabrielle Blair (popularmente conhecida como @designmom) postou a seguinte mensagem no X (antigo Twitter): *um funcionário do Venmo poderia escrever uma linha de código para adicionar US$10 mil a cada conta do Venmo e, por mágica, mais dinheiro existiria.*

O comentário fazia parte de uma discussão mais ampla, mas, das centenas de pessoas que responderam, ninguém podia dizer por que tal sugestão não funcionaria. Por que um serviço de pagamento — no caso, um banco — *não poderia* decidir que seus usuários têm US$10 mil a mais hoje do que tinham ontem?

O dinheiro sempre foi fruto da imaginação coletiva. Ao longo da história, o exagero e a especulação produziram "bolhas" em mercados questionáveis, desde tulipas holandesas a títulos de guerra e cupons postais de Charles Ponzi. Em retrospecto, esses exemplos parecem pontuais em todos os sentidos — simples lampejos em uma história de estabilidade a longo prazo.

Mas os eventos que antes eram exceções agora estão aparecendo o tempo todo.

Centenas de pessoas se tornaram "milionárias da Tesla" quando as ações da empresa subiram 700%, desafiando as previsões de praticamente todos os analistas profissionais. A Zoom, antes uma pequena empresa com um único produto de videoconferência que não funcionava muito bem, de repente cresceu a ponto de valer mais do que todas as companhias aéreas norte-americanas combinadas.

Enquanto isso, as ações da AMC Entertainment Holdings, cujo principal negócio eram os cinemas, dispararam durante um ano em que *ninguém podia ir ao cinema*. Mais tarde, o CEO descobriria que, quando não usava calças durante uma chamada com investidores, o preço das ações subia mais — levantando, assim, uma questão interessante referente à responsabilidade acionária: se os executivos são encarregados de servir aos investidores da melhor maneira possível, será que as chamadas pelo Zoom sem calças se tornariam o novo padrão para chamadas de ganhos em todo o país?

Até marcas antigas como Radioshack, uma vez ridicularizada no jornal *The Onion* devido a uma história sobre seu CEO se perguntando como sua empresa ainda poderia estar em atividade, experimentaram ressurreições corporativas bizarras. No auge da pandemia, a empresa, que havia falido duas vezes, foi comprada por uma quantia não revelada, mas certamente elevada, por dois *crypto bros*.*

Simplificando, se pessoas suficientes decidirem que algo "vale" muito mais do que seu valor atual, de repente, é assim mesmo.

Eu poderia ter escrito um livro inteiro sobre os muitos momentos na história em que grandes somas de dinheiro foram criadas do nada — ou instantaneamente destruídas conforme os ventos da opinião pública mudam de direção.

Mas o fato de que o dinheiro se baseia mais na percepção do que na realidade objetiva é só o nosso ponto de partida; é

* Um deles era um influenciador chamado Tai Lopez, cuja mansão em Beverly Hills visitei certa vez para gravar uma entrevista. Havia uma lagoa koi correndo pela sala. Uma quadra de basquete ocupava parte do quintal. No meio da entrevista, uma mulher caminhou pelo set de biquí-ni, sem nenhum motivo óbvio.

isso que permitiu que as regras para ganhar dinheiro fossem subvertidas de formas sem precedentes e revolucionárias. O objetivo deste livro é ajudá-lo a entender como as regras deste jogo mudaram e, em última análise, responder à pergunta: Como você pode *vencer*?

A Revolução Financeira (ou: Os Tempos Mudam, e Pessoas Inteligentes Se Adaptam)

Ao longo da história, uma série de mudanças amplas e importantes transformou de forma irreversível sociedades e economias. É provável que você tenha aprendido sobre elas na escola: *Revolução Agrária*, *Revolução Industrial* etc.

Antes da Revolução Industrial, as pessoas trabalhavam nas fazendas e faziam tudo o que precisavam manualmente. Era um tanto ineficiente, mas, ainda assim, melhor do que caçar e coletar.

Mas então! As máquinas entraram no mundo, o caminho para a prosperidade mudou, e grandes parcelas da humanidade começam a viver de modo bem diferente dos seus antepassados. O que os pais e os avós faziam para sustentar suas famílias já não era o melhor caminho para a nova geração. Para ter sucesso na Era Industrial, um camponês empreendedor precisava aprender novas habilidades. Claro, alguns continuaram fazendo as coisas à moda antiga, mas eles não foram as pessoas que prosperaram.

E assim continua ao longo das eras. Impérios ascendem e declinam. As mudanças são constantes. E aqueles que se adaptam prosperam.

Hoje, estamos no meio de outra transformação: a Revolução Financeira. Simplificando, o dinheiro não é mais o que costumava ser. Em parte, isso se deve ao surgimento de ativos digitais, porém é somente parte da história. Na verdade, as partes *mais interessantes* são as mudanças sociais e tecnológicas que criaram novos caminhos para a prosperidade que simplesmente não eram possíveis — ou mesmo imagináveis — somente alguns anos atrás.

À espreita, duas tendências paralelas fundamentam essa tremenda mudança. A primeira é uma crescente desconfiança em relação às instituições tradicionais, em especial entre a geração Z e os millennials, que estão cientes do fato de que a segurança de carreira desfrutada por seus pais e avós é coisa do passado. Mesmo ajustando pela inflação, os millennials pagaram muito mais por uma educação universitária do que qualquer outra geração, enquanto o valor de mercado de um diploma na maioria dos campos diminuiu. Máximas antigas sobre carreiras, finanças pessoais e investimentos transmitidas de geração em geração estão cada vez mais desconectadas de suas vidas.

Diante desses fatos, muitos jovens ficam desconfiados e ressentidos com os sistemas que herdaram. Por que não deveriam? É uma reação perfeitamente lógica. Além disso, as revoluções costumam surgir quando um número suficiente de pessoas ficam irritadas. E desta vez a revolução está armada com ferramentas e métodos modernos que amplificam bastante seus efeitos.

É por isso que a segunda tendência diz respeito a um número crescente de pessoas que buscam formas criativas de burlar o sistema. Os vencedores de hoje não alocam suas economias em um confortável plano de previdência, esperando seu pé-de-meia crescer; eles estão alocando seu dinheiro em investimentos alternativos. Eles não fazem lobby por ações legislativas para frear Wall Street, mas estão prejudicando os fundos de hedge ao extorqui-los de suas posições vendidas. Não tentam “vencer a casa” no cassino; eles entram no Reddit para aprender sobre mercados de previsão. Isso porque decidiram que as velhas regras do dinheiro — aquelas baseadas na confiança e na boa-fé nas instituições — não estão apenas desatualizadas: *as velhas regras são uma farsa.*

Para deixar claro, também há verdadeiros perdedores em revoluções. Basta perguntar a Maria Antonieta. Ou aos seguidores de Ned Ludd — também conhecidos como os luditas originais —, que se rebelaram contra a industrialização quebrando máquinas têxteis (alerta de spoiler: não funcionou e eles ficaram para trás).

Apesar disso, essa é a natureza do progresso. Mesmo não sendo perfeito, com o surgimento de cada revolução, surgem novas oportunidades para que mais pessoas compartilhem da riqueza.

As impressoras de dinheiro estão vibrrrrando.

O que Está por Vir

Antes de começar a escrever este livro, fiz uma série de experimentos que começaram estritamente como pesquisas; em algum momento, contudo, acabei dando continuidade. E não vou mentir: foi divertido e viciante.

Apostei no resultado de eleições políticas, aprendendo com profissionais. Apostei em outros mercados também, incluindo o desfecho da saga da tutela de Britney Spears e as relações entre Kanye West e as Kardashians.

Comecei a jogar videogames com dinheiro real, realizando o sonho de vida do meu eu de 20 anos.

Aprendi a criar artes com IA, concentrando meus esforços em desenhos de gatos tomando milkshakes (para ver uma das minhas primeiras obras-primas, veja o Capítulo 7).

E, é claro, comprei ações memes, afinal, por que não?

Como você verá, alguns desses experimentos foram melhores do que outros. Em um momento, eu ganhava US$1 mil por dia com algo chamado mineração de liquidez (yield farming). Certamente minha aposentadoria em Mônaco estava a apenas alguns meses de distância! Mas enquanto eu via os números subirem, o preço do título subjacente caia mais de 40%. Aconteceu também a vez em que cometi um erro desastroso e transferi vários milhares de dólares para a conta blockchain errada. Adivinhe? Quando você faz isso, não pode recuperar!

Mesmo assim, continuei. Tudo em nome da pesquisa e, possivelmente, da compulsão.

Fui a Denver para me encontrar com o fundador da Ethereum e seus milhares de seguidores inveterados. Fui para Iowa para testemunhar um canhão de comida que atirava legumes para o céu. Conheci e entrevistei apostadores esportivos em tempo integral, influenciadores do TikTok, *dungeon masters* profissionais e, pelo menos, um bilionário.

Tentei conhecer o maior número possível de pessoas na linha de frente dessa revolução, a fim de contar a melhor história possível.

Nas próximas páginas, apresentarei alguns desses indivíduos empreendedores. Entre outros, você encontrará:

- O programador habilidoso que tem dois empregos em tempo integral simultaneamente, sem que nenhum empregador saiba do outro. Não se trata de um atendente comercial com salário baixo que precisa de múltiplos empregos para sobreviver. Somados, seus dois empregos lhe pagam mais de US$340 mil por ano.
- A estrela do TikTok que ganha até US$100 mil *diariamente* vendendo cursos sobre o tópico pouquíssimo atraente de como usar o Microsoft Excel, e outra que recebe US$50 mil por mês para dormir com luzes de discoteca, música tecno em alto volume e falsas invasões do FBI.
- O adolescente britânico que iniciou um serviço de nomear bebês chineses e acabou ganhando US$400 mil.
- O designer de jogos que levou para casa seu primeiro prêmio em uma feira de arte, por uma obra "pintada" inteiramente por IA.
- A avó que denunciou um dos principais fabricantes de impressoras a jato de tinta por enganar os clientes,

fazendo-os comprar seus cartuchos de tinta de marca a preços exorbitantes e ganhou um processo de ação coletiva de US$1,5 milhão.

E ainda tem muito mais, como costumam dizer.

Como Ler Este Livro

Este livro é um guia prático para a Revolução Financeira. Embora nem sempre pareça, até mesmo revoluções têm regras — ou, pelo menos, as bem-sucedidas têm. Uma revolução sem regras é apenas um tumulto. Portanto, nas próximas páginas, você aprenderá como usar as novas ferramentas e plataformas possibilitadas pela tecnologia a fim de monetizar as novas regras do dinheiro e tirar vantagem da situação.

Algumas das estratégias aqui presentes serão úteis para qualquer pessoa, em qualquer lugar, independentemente do seu acesso atual ao dinheiro. Outras serão mais úteis para aqueles que têm pouco dinheiro para investir e estão buscando formas criativas de fazê-lo crescer (ou simplesmente protegê-lo contra perdas).

Para tirar o máximo proveito dos capítulos a seguir, vale a pena ter em mente o seguinte:

1. Como tudo muda à velocidade da luz em tempos de revolução, alguns exemplos podem não ser mais relevantes, ou simplesmente ser menos úteis. Nestes casos, *concentre-se no que pode aprender com a história.* De onde veio a ideia e que ação alguém precisou tomar para concretizá-la? Considere como aplicar uma abordagem semelhante a outras ideias.
2. Não tenha medo de mudar de ideia. Nada garante que o que funcionava no passado pode funcionar hoje, e o que funciona hoje nem sempre funcionará no futuro.

3. Acima de tudo, siga os conselhos que fazem sentido no seu caso e ignore o resto. Na verdade, essa é uma boa maneira de ler qualquer livro.

As histórias que compartilharei são interessantes por si só, mas também espero que aprenda algo com elas. Quando terminar de ler este livro, você estará familiarizado com diversas estratégias para trilhar o caminho de sua própria história de sucesso. Por exemplo, você aprenderá a:

- Obter fundos de mercados não tradicionais, incluindo dinheiro diretamente de investidores que querem apostar no seu futuro.
- Capitalizar oportunidades assimétricas, em que o risco é baixo e a recompensa potencial é alta.
- Transformar uma habilidade ou área de conhecimento que já tem em um produto monetizável que pode diversificar sua renda.
- Usar ferramentas simples de IA para impulsionar um processo criativo ou simplesmente gerar mais trabalho criativo em um período de tempo mais curto.
- Adotar uma nova forma de pensar que pode atendê-lo a longo prazo, à medida que as regras evoluem e novas oportunidades surgem.

Esta última habilidade é a mais importante. Como já sabe, a economia global está mudando o tempo todo, a um ritmo acelerado.

Mas não faz mal. A mudança é constante, mas se você entender o que nos trouxe a este ponto e como pode aplicar essas lições, estará muito à frente da maioria das pessoas.

Para entender por que isso importa, começaremos com uma das principais características desta época. No mundo do Capitalismo Gonzo, tudo está à venda.

Capítulo Dois

Bem-vindo ao Ápice do Marketplace

CONCEITO: a Revolução Financeira nos levou a um estágio na sociedade moderna em que tudo está à venda. Cada habilidade, talento, hobby ou fonte de conhecimento pode ser monetizada. Plataformas descentralizadas possibilitam que você acesse o mercado imediatamente, sem o intermédio de bancos ou de outros gatekeepers.

Nada como um enorme choque econômico para desencadear uma revolução. E o choque abrupto acarretado pela pandemia foi acompanhado por convulsões sociais subsequentes. Entre os indicadores mais espantosos de que tudo estava mudando, talvez de forma permanente, estava percepção de que, por mais avançada que fosse a nossa civilização, um vírus desagradável ainda poderia aparecer a qualquer momento e parar grande parte do mundo.

Quer você tenha perdido entes queridos, ficado doente ou, de alguma forma, escapado de tudo isso, é provável que tenha refletido um pouco durante esse período. Você e todos os demais.

Nesse período, milhões de pessoas começaram a questionar sua lealdade ao local de trabalho. Embora haja várias teorias sobre a causa da Grande Demissão, para os observadores atentos, parecia que a maioria das pessoas estava se demitindo simplesmente por estarem cansadas.

Milhões de pessoas adotaram uma forma de protesto conhecida como "demissão silenciosa" [quiet quitting], um movimento que incentivava os funcionários a manter suas ocupações e salários, mas reduzir o comprometimento com os empregadores. Superar expectativas virou coisa do passado. Ainda mais radical era a subcultura *antitrabalho* [antiwork] que floresceu no Reddit, baseada em princípios marxistas que questionavam a validade do modelo de trabalho atual, e talvez até do próprio sistema capitalista, argumentando que ambos eram intrinsecamente falhos e deveriam ser desmantelados.

Todos esses movimentos tinham duas características em comum. A primeira era um amplo ceticismo e desconfiança em relação ao "sistema". As empresas, com seus executivos gananciosos, exploravam os trabalhadores. O governo, independentemente de quem estivesse no poder, era ineficaz. Os bancos buscavam lucro a qualquer custo. Wall Street, fundos de hedge e a interconexão entre governo e setor privado — todos estavam em conluio para favorecer as elites.

Era um movimento social raro que transcendia a esfera política. Quer assistindo Rachel Maddow ou ouvindo Joe Rogan, os fãs de comentaristas enlouqueceram.

O populismo impulsionou as campanhas políticas, desde Bernie Sanders até Donald Trump. Embora ideologicamente opostos, esses senhores nova-iorquinos habilmente adotaram uma postura alternativa e antissistema a fim de atrair muitos dos mesmos eleitores jovens e insatisfeitos.

A segunda característica comum desses movimentos é onde as coisas *se complicam*, pois muitos dos autoproclamados anticapitalistas eram motivados pelo dinheiro!

Outro meme, *get the bag*, algo como "pegue sua sacola de dinheiro", também se popularizou. Os antitrabalhadores não gostavam da ideia de que os empregadores enriquecessem à custa de seu trabalho malremunerado, mas, filosoficamente, não se opunham à ideia de eles mesmos acumularem grandes quantias de dinheiro. Eles estavam indignados, é claro, mas isso não significava que queriam viver na pobreza.

Podcasts foram lançados com patrocínios milionários. Influenciadores do Instagram comercializaram bolsas e vaporizadores. Mais de 1 milhão de pessoas abriram lojas online no Shopify, vendendo qualquer coisa que se possa imaginar. No entanto, até essas pessoas que buscavam uma vida sem trabalho ainda precisavam pagar suas contas.

Por mais que essas realidades coexistissem, às vezes de forma caótica, estavam sempre em constante mudança.

Quando uma Porta de Carga Se Fecha

Quando as escolas foram fechadas abruptamente no verão de 2020, a professora de estudos sociais Rebecca Rogers voltou para casa e iniciou uma nova carreira.

À medida que os *lockdowns* e as longas horas de ensino virtual se arrastavam, ela sentia cada vez mais a necessidade de uma válvula de escape para o esgotamento e o estresse. Além disso, ela gostava de experimentar coisas novas. Então, por impulso, Rogers decidiu criar uma conta no TikTok e postar vídeos nos quais "fazia papel de idiota". Em seus vídeos, ela compartilhava histórias engraçadas ou terríveis (ou ambos) que aconteciam no dia a dia. Ela também respondia a perguntas em uma série chamada *Am I the bad apple?*, uma versão mais suave do fórum *Am I the asshole?* do Reddit. Rogers interpretava diversos personagens, muitas vezes alternando entre as perspectivas de professora e aluno, e ocasionalmente incorporando um pai irritado ou um diretor autoritário.

Seus alunos pré-adolescentes e adolescentes ficaram preocupados com a possibilidade de ela ser cancelada, mas algo diferente aconteceu: ela se tornou famosa. É neste ponto em que começamos a observar como as dificuldades para alguns criaram oportunidades para outros.

Na esteira dos *lockdowns* veio a crise global na cadeia de suprimentos. Na Grã-Bretanha, um jovem de 22 anos, chamado Jake Slinn, iniciou um negócio comprando contêineres marítimos fechados, que estavam acumulados em portos ao redor do mundo, para revender seu conteúdo.

Cada contêiner adquirido era uma caixa de surpresas, semelhante ao que acontece no programa *Quem Dá Mais?*, porém em uma versão com contêineres enormes, repletos de mercadorias do mundo todo, desde matérias-primas de construção até produtos eletrônicos baratos e produzidos em massa. Arte, scooters elétricos, veículos, queijos franceses — Jake viu (e revendeu) de tudo.

Quando uma porta de carga se fecha, um navio cargueiro se abre. A interrupção no transporte marítimo possibilitou que os negócios de Jake prosperassem.

Outra disrupção que resultou em um novo ecossistema de negócios foi a transição para o trabalho remoto. Empresas que antes resistiam à ideia de permitir que funcionários trabalhassem em casa de repente não tiveram escolha — e apesar de algumas dificuldades iniciais, a transição acabou sendo mais fácil do que o esperado.

Aparentemente, qualquer coisa podia se tornar disponível online, desde serviços religiosos até terapia e aulas de música, além de uma série de outras atividades que pareciam impossíveis em um cenário remoto poucos meses antes. A conveniência e a escala que isso viabilizou rapidamente abriram caminho para muitas novas oportunidades de negócios.

Uma amiga minha, por exemplo, iniciou um grupo de mediação virtual, cobrando uma taxa mensal de US$20. Rapidamente, ela tinha milhares de dólares em faturamento mensal e uma lista de espera. Também ouvi falar de um adestrador de cães que oferecia aulas pelo Zoom. Audiências jurídicas, consultas médicas, encontros rápidos, você escolhe — tudo era remoto ou, pelo menos, *poderia* ser.

Como Começou, Como Está Indo

Bem-vindo à era do "ápice do marketplace", em que tudo que podemos imaginar (e muitas coisas inimagináveis) pode ser comprado e vendido em mercados virtuais em rápida evolução.

Novas redes e formas de pagamento surgiram para atender a esse novo cenário, permitindo que qualquer pessoa, desde vendedores de sessões virtuais de adestramento de cães até comerciantes de contêineres, possa ignorar taxas de transação de cartão de crédito e receber pagamentos diretamente.

Ao mesmo tempo, muitas regulamentações e controles foram por água abaixo, eliminando barreiras de entrada para qualquer pessoa com acesso à internet e uma ideia na cabeça. Produtos e modelos financeiros antes restritos a traders profissionais se tornaram amplamente acessíveis (para melhor ou para pior!).

Até os governos perceberam que podiam vender qualquer coisa. Por uma contribuição não reembolsável de US$150 mil, a nação insular de Granada oferecia cidadania. Para não ficar para trás, sua vizinha Dominica cobrava US$100 mil. Nos EUA, o Parque Nacional de Yellowstone ofereceu um passe anual por US$1.500. Parecia um bom negócio para um visitante assíduo, mas havia uma pegadinha. O passe (apropriadamente chamado de Inheritance Pass, ou Passe Hereditário, em tradução livre) só seria válido *após 150 anos*.

Isso mesmo, se o planeta ainda existir em 2172 — e presumindo que o Serviço Nacional de Parques ainda esteja à frente do Yellowstone —, seus descendentes poderão visitá-lo gratuitamente. Que pechincha!

Paralelamente, tornou-se mais fácil do que nunca acumular um grande número de seguidores nas redes sociais e monetizá-los com anúncios e patrocínios de marcas. Surgiram inúmeras microcomunidades e novas formas de se comunicar e de criar que simplesmente não existiam antes.

Sim, as pessoas já conseguiam "criar uma base de seguidores em redes sociais" desde os primórdios do MySpace. Mas não como agora.

Rebecca Rogers, a professora que se tornou estrela do TikTok, acumulou mais de 1 milhão de seguidores em poucos meses. Logo, recebeu uma enxurrada de propostas de patrocinadores e ganhava 10 mil seguidores diariamente. Os pagamentos diretos por seus vídeos virais eram insignificantes comparados ao que ganhava com parcerias — assim como os atletas profissionais que ganham mais com acordos promocionais do que com contratos esportivos.

Vamos comparar esta história com outra que contei em meu podcast há alguns anos. Na época, uma professora esforçada havia compilado materiais didáticos de idiomas estrangeiros que vendia online para outros professores, passando a ganhar US$3 mil extras por mês — mais da metade de seu salário. No entanto, nesta nova era, Rebecca Rogers pode ganhar bem mais *com um único post patrocinado*. A diferença é gritante. Seu projeto não era apenas muito mais lucrativo, como operava em uma escala diferente de engajamento.

Neste admirável mundo novo, *todos* podem ser criadores, e os criadores (às vezes chamados de influenciadores, embora não sejam a mesma coisa) têm todo o poder e não têm medo de exercê-lo. Campanhas de ação coletiva podem redistribuir riqueza, conceder status de celebridade instantâneo ou simplesmente causar grandes impactos nos mercados.

É uma época emocionante, confusa, desorientadora e fascinante para se viver.

Eu Fico Sexy Neste Carro Elétrico?

O Naked Brand Group (ou NAKD, como seus acionistas o conhecem) era originalmente conhecido por administrar a Frederick's of Hollywood, uma marca de lingerie para consumidores de baixa renda que operava em shoppings "decadentes" na América do Norte.* Com a explosão do e-commerce, muitos desses shoppings fecharam, e o Naked Brand se transformou em um varejista predominantemente online.

Até aqui, tudo normal: um fabricante de roupas sensuais luta para sobreviver após a quase extinção dos shoppings. A história termina aí, então?

Eis a parte incomum disso tudo: impulsionada pela era do "tudo é possível", o NAKD fez um movimento audacioso — decidiu migrar para uma nova linha de produtos: *carros elétricos*.

Isso mesmo, de lingerie a veículos elétricos. Foi como se a liderança da empresa olhasse ao redor e dissesse: "Qual é a tendência mais quente do momento?"

"Bem, a Tesla está em alta..."

"Ótimo, vamos fazer o que eles fizeram!"

Assim, apesar de carros elétricos não terem absolutamente nenhuma relação com o negócio original, o NAKD buscou uma fusão de US$1,3 bilhão com o Cenntro Electric Group, uma fabricante chinesa de veículos elétricos.

Com certeza, um movimento tão inusitado seria motivo de piadas, certo?

Errado. Os investidores reagiram positivamente, fazendo as ações subirem mais de 80%. A empresa agora vende menos meias arrastão e mais carros inteligentes.

Na era do Capitalismo Gonzo, vale tudo — mesmo em um mercado em baixa.

* A origem da empresa é um pouco obscura. Foi fundada no Canadá e depois transferida para a Nova Zelândia — enquanto negociava na bolsa de valores NASDAQ (EUA) com o código de ação (ticker) NAKD.

Como Era o E-commerce no Início

Alguns leitores terão a impressão de que esta seção será escrita por alguém da Geração Grandiosa, que conta histórias sobre a libertação da Europa durante a Segunda Guerra Mundial. Mas, na verdade, traço um paralelo como se eu tivesse vivido nesta época. Como se eu estivesse na praia, no Dia D, participando da invasão principal.

De repente, na virada do século (2000!), tornou-se possível vender online para qualquer pessoa, em qualquer lugar. Ebay, Etsy e muitos outros marketplaces permitiam que as pessoas se tornassem comerciantes semiprofissionais. Como vendedor, você podia literalmente ir a lojas como Walmart ou Toys"R"Us, comprar itens e, em seguida, anunciá-los online por um preço muito maior. (Eu fazia isso com regularidade.)

Os compradores eram bastante crédulos ou extremamente desconfiados. Às vezes, ambos ao mesmo tempo. Alguns acreditavam que qualquer coisa vendida online *certamente tinha que* ser um ótimo negócio; outros estavam igualmente convencidos de que tudo era uma fraude. Exigiam ligações telefônicas de verificação antes de pagar US$10 por um item ou o envio antes de pagar. Ficavam irritados e faziam avaliações negativas se a entrega não chegasse em dois dias — muito antes de a Amazon estabelecer o envio rápido como padrão.

Falando em pagamento, os compradores enviavam cheques pessoais ou até dinheiro pelo correio, às vezes em moeda estrangeira, no caso de estarem fora do país. Eu alugava uma caixa postal para receber os cheques e enviar os pacotes. Certa vez, uma funcionária dos correios perguntou se poderia me encontrar em seu horário de almoço. Não era um encontro; ela queria aprender a vender online.

Naquela época, de tempos em tempos, contas do PayPal eram encerradas sem motivo aparente. Você recebia um e-mail genérico informando que sua conta estava encerrada. E era isso: *encerrada*. Desaparecia. Ficava inacessível. Não era possível contestar a decisão nem falar com ninguém na empresa para discutir a questão.

Quando isso ocorria, todo o dinheiro da conta ia embora, mas o acesso ao sistema não era totalmente bloqueado, o que possibilitava abrir uma nova conta usando as mesmas informações. Ninguém na empresa se importava ou, pelo menos, ninguém se importava em verificar.

Durante um período, enquanto vendia café importado, por precaução, fiz uma segunda conta para me blindar dos caprichos do PayPal. Esta conta comercializava o mesmo produto, mas eu a registrei com um nome comercial diferente e fazia anúncios separados.

Logo descobri que a segunda conta tinha outro benefício: basicamente, criei meu próprio concorrente, que direcionava as vendas para a mesma fonte.

Um dia, quando estava com pendências no atendimento ao cliente, eu ri, pois um comprador me enviou uma mensagem reclamando: "Vou comprar do King Java em vez de você".

King Java, é claro, também era eu.

Foi o melhor dos tempos, e também os mais estranhos — ou era o que transparecia. Na época, pareciam ser o auge. Mas era apenas o *começo*. O ápice ainda estava por vir.

O E-commerce Era Rápido, Mas Limitado

Por mais que esses sistemas tenham gerado oportunidades para muitos, nem todos tinham acesso a elas.

Uma vez, eu disse que "quando se trata de vender online, ninguém se importa se você é uma criança". Embora verdadeiro até certo ponto, a maioria das crianças que gerenciavam negócios online contava com ajuda em algum momento. Sem um adulto responsável, elas não podiam ter os próprios cartões de crédito ou receber pagamentos de estranho.

E não eram apenas as crianças: microempreendedores, como eu, não estavam no controle; ainda dependíamos de plataformas centralizadas para postar itens à venda e de grandes empresas para processar as transações.

Para aceitar cartões de crédito, por exemplo, tínhamos que ter uma conta jurídica no banco. Era um desafio constante, sobretudo para varejistas de internet que tentavam explicar seu modelo de negócio para representantes de bancos das antigas. Se você ganhasse "muito dinheiro", havia o risco de suspeita por parte do banco e retenção de fundos (nos EUA). Como mencionado, até mesmo o PayPal era notoriamente ruim neste quesito (e ainda é).

Isso ameaçava a sobrevivência do microempresário e de seu negócio. Caso ganhasse muito dinheiro com uma venda e precisasse dele com urgência para algum fim, — por exemplo, para organizar um evento cujos ingressos já foram comprados pelo público ou para fabricar um produto adquirido durante uma pré-venda — você se daria mal.

Os bancos não se importavam com o fato de você ter realizado vendas e ter clientes esperando recebê-las. Por sua vez, os clientes não queriam saber se você tinha problemas com sua conta jurídica; só queriam receber aquilo pelo qual pagaram.

Em suma: na era do e-commerce, os bancos e as plataformas centralizadas detinham controle significativo. Embora permitissem que você administrasse o negócio, também tinham o poder de encerrá-lo.

Rápido, Estranho e Descentralizado

Com 25 anos de experiência no mundo dos negócios online, tenho escrito sobre a "nova economia" por quase todo esse tempo.

Pesquisando para este livro e conversando com diversas pessoas, percebi que algo estava diferente desta vez. Mas o que exatamente? O que a economia pós-pandemia tem de tão diferente?

Por fim, identifiquei três características: *rapidez*, *estranhamento* e *descentralização*. A maioria das histórias que você lerá neste livro se enquadra em pelo menos uma dessas características, com frequência em mais de uma. Além disso, elas tendem a se reforçar mutuamente. Quando algo é rápido e descentralizado, por exemplo, tende a experimentar um crescimento inicial massivo, e também é provável que seja algo de que você nunca ouviu falar antes.

Mais rápido do que nunca

A velocidade e a escala dos modelos de negócios atuais são muito diferentes dos de épocas passadas, como por volta do início da década de 2010.

MrBeast, um dos YouTubers mais populares de todos os tempos, ganhou *dezenas de milhões* de dólares antes de completar 23 anos. Ele também conseguiu 159 mil novos seguidores *em um único dia*. Quando quis expandir ainda mais seu alcance, simplesmente dublou seus vídeos em espanhol. Não demorou para que seu canal em espanhol crescesse de 300 mil para 22 milhões de espectadores, *em apenas um ano*.*

Logo após, vieram traduções em hindi e em português, acompanhadas por outra enxurrada de novos inscritos (MrBeast não fala nenhuma destas línguas, e ninguém parece se importar).

No mundo das criptomoedas, moedas recém-lançadas podiam atrair somas enormes de dinheiro de investidores, muitas vezes sem que eles soubessem quase nada sobre o projeto!

* https://www.dailymail.co.uk/femail/article-11429671/MrBeast-followed-person-YouTube.html.

"Parece interessante" era uma justificativa suficiente. Além disso, o tempo era essencial. Se você esperasse por verificações ou tentativas de devida diligência [due diligence], poderia ser tarde demais.

Mais estranho do que nunca

Durante a maior parte do século, a preparação dos trabalhadores para ingressar e progredir no mercado de trabalho seguia um padrão previsível. Você concluía um nível de ensino superior, obtinha diplomas, certificados ou outros credenciais de aprovação caríssimos.

Você montava seu currículo, passava por muitas entrevistas e recebia recomendações no LinkedIn. Em algum momento, um empregador o convidava para trabalhar em sua organização ou, talvez, em sua empresa multinacional. Em troca de determinadas horas semanais e de um trabalho (presumível, mas não necessariamente) relacionado à sua formação, você recebia a remuneração acordada. Nesse processo, seu salário era distribuído em algumas contas, incluindo uma para despesas diárias e outra para reserva futura. Você escolhia um plano de aposentadoria e tentava contribuir obedientemente ao longo do tempo. Com sorte, seu empregador também contribuía.

Em geral, você torcia para que o dinheiro fosse suficiente a fim de ter uma vida confortável em um futuro distante. Enquanto isso, tentava gerenciar questões mais imediatas, como moradia, empréstimos etc.

Claro, havia dois caminhos alternativos. Algumas pessoas optavam por abandonar o emprego tradicional e iniciar um negócio próprio. Outras investiam mais agressivamente ou sequer investiam. E, *de vez em quando*, você conhecia alguém que ganhava a vida de uma maneira bastante radical.

Tenho estudado negócios incomuns por muito tempo. Em um livro anterior, *Projeto Renda Extra*, escrevi sobre um homem que enviava grilos vivos para donos de répteis. Uma vez, cobri a história de uma startup chamada BirdSupplies.com, especializada em produtos "antiarrancamento de penas" para papagaios. Entrevistei um instrutor profissional de bambolê, um engenheiro que oferecia serviços profissionais de afeto (também chamado de snuggler profissional) e até mesmo um homem que viveu de batatas por um ano antes de se tornar coach de dieta e boa forma.

Em outras palavras, não me surpreendo tão facilmente.

Contudo, ainda que alguns desses negócios fossem bizarramente criativos, até eu fiquei espantado com a inventividade das esquisitices sendo compradas e vendidas nos dias de hoje. No Reino Unido, um jovem de 27 anos colocou seu amigo imaginário à venda no eBay, alegando que havia superado o relacionamento. Este anúncio atraiu inúmeras ofertas.

Em São Francisco, um grupo de empresários abriu um café pop-up com ratos, onde os visitantes podem saborear seu café enquanto desfrutam da companhia de ratos que circulam livremente. (Um comentarista online brincou: "Sou do Brooklyn, não preciso pagar por isso.")

E tem muito mais. Se o estranho já era o novo normal quando comecei a escrever e fazer podcasts sobre atividades de renda extra, nos últimos anos, me deparei com exemplos que superaram em estranheza os tradicionais.

Isso não é à toa. Na era do ápice do marketplace, quanto mais inovadoras suas ofertas, maior a probabilidade de se destacarem e chamarem a atenção. Nesse mercado saturado e barulhento com produtos e ideias, novidade e criatividade são a moeda corrente.

Ou, dito de outra forma: o estranho vende.

Descentralizado (pela primeira vez)

Em Goa, na Índia, um empreendedor do mercado financeiro lançou um ecossistema completo de gerenciamento de dinheiro que atraiu US$7 milhões em capital, incluindo um investimento de Mark Cuban. Inspirado por um workshop que fez um ano antes, seu fundador aprendeu sozinho a programar e, após alguns meses de experiência em consultoria, criou sua plataforma de investimento descentralizada — tudo isso em seu tempo livre, enquanto ainda cursava o ensino médio.

Esse empresário — Gajesh Naik, de 13 anos — pode muito bem representar o ápice do marketplace. Sempre houve crianças inteligentes e precoces que são boas com computadores e matemática. E os hackers muitas vezes são jovens. No entanto, com que frequência um pré-adolescente na Índia consegue levantar milhões de dólares em capital de investimento em questão de meses?

Nas plataformas descentralizadas, não é que ninguém se importe se você é uma criança — é que ninguém sabe que você é uma criança. Isso ocorre porque as redes descentralizadas permitem que os serviços operem em um sistema "sem confiança" [trustless], em que tudo é publicamente visível — exceto as identidades do(s) gênio(s) por trás do serviço, e às vezes até mesmo dos próprios participantes.

O termo *descentralizado* costumava se referir aos confins mais sombrios e nefastos da web: lugares como o Silk Road, um mercado que operava como um Walmart para aspirantes a anarquistas, em que todos os tipos de produtos proibidos estavam disponíveis para venda. Se alguém quisesse comprar drogas sintéticas, ou talvez um lançador de granadas, e enviá-lo para casa via FedEx, o Silk Road era o lugar certo.

Óbvio que ainda existem plataformas descentralizadas que vendem produtos ilícitos. Mas também existem inúmeras plataformas lícitas que se dedicam a atividades mais convencionais. Na linguagem do Capitalismo Gonzo, *descentralizado* não significa necessariamente "obscuro"; significa apenas "aberto a todos". É um princípio da arquitetura da internet, no qual o poder é distribuído longe de bancos e outras instituições, ficando nas mãos da "comunidade".

Pelo menos, em teoria. Como você verá, o conceito é problemático e está longe da perfeição em suas versões atuais. Às vezes, é mais uma aspiração ou um ideal do que uma realidade. Por exemplo, em vez de ser uma zona de comércio livre para todos, o Silk Road era mais como um comércio dirigido por um chefão solitário, que agora cumpre prisão perpétua em uma penitenciária de segurança máxima.

Havia também outros problemas além do fato de que você podia pedir heroína e lança-chamas para serem entregues na sua porta. Por um lado, os pagamentos em Bitcoin são "praticamente não rastreáveis" na teoria, mas na prática, basta um erro em algum ponto da cadeia de transações para que as autoridades consigam localizá-lo. Depois que a infraestrutura do Silk Road foi derrubada, agentes federais de vários países prenderam centenas de clientes que acreditavam que seu anonimato estava protegido.

No entanto, o conceito de poder sendo *menos centralizado*, se não totalmente desvinculado de uma autoridade central, é um tema recorrente nas histórias que você lerá nas páginas a seguir.

Parece Estranho, Mas É (Geralmente) Racional

Nesta obra, as diversas ideias de ganhar dinheiro apresentadas se destacam pela excentricidade, a ponto de você se perguntar como podem ser bem-sucedidas. No entanto, a maioria delas está fundamentada em princípios de negócios consagrados pelo tempo. Mesmo os produtos ou serviços que inicialmente parecem absurdos muitas vezes atendem a alguns requisitos simples que são comuns aos mercados mais bem-sucedidos. Por exemplo:

Oferta e demanda: em Berkeley, na Universidade da Califórnia, as matrículas são limitadas para algumas das aulas mais populares, então um estudante ambicioso criou uma forma de oferecer os horários que não desejava. Se um aluno quer entrar em um curso e ele está lotado, por que não usar um mercado que conecta compradores e vendedores?

Espaços limitados e outras restrições: no Japão, um empreendedor desenvolveu um serviço que permite que colegas de trabalho atrás de paz e tranquilidade usem plataformas de compartilhamento para alugar carros, mas *não para dirigi-los*. Pode parecer uma ideia absurda, mas em Tóquio, uma cidade hiperlotada, alugar um carro em uma garagem para um almoço tranquilo ou uma hora de privacidade faz sentido.

Vantagem geográfica ou econômica: a capital de serviços odontológicos do mundo é Los Algodones, México, uma cidade fronteiriça a apenas 15 minutos de Yuma, Arizona. Também conhecida como Cidade Molar, essa área abriga mais de 350 clínicas odontológicas, criadas para oferecer preços acessíveis aos visitantes norte-americanos que cruzam a fronteira para economizar até 70% em implantes, coroas dentárias e outros procedimentos comuns.

Em Los Algodones, os dentistas podem oferecer preços acessíveis não apenas porque a maioria dos materiais e equipamentos odontológicos é geralmente mais barata no México, mas também porque muitos setores, incluindo os dentistas, criam uma escassez artificial e fixam preços. Em outras palavras, o trabalho odontológico nos EUA é mais caro do que deveria ser, porque o setor conspira para manter os preços elevados.

Operar em uma jurisdição próxima (ou mesmo distante) que não esteja sujeita a tantas restrições possibilita oferecer preços mais baixos para as pessoas dispostas a visitar, enquanto ainda se obtém lucro.

Apelar para nostalgia e para valores compartilhados: uma gravadora em Indiana tem lançado de propósito música em formatos desconhecidos, como parte de um protesto contra os serviços de streaming, nos quais todas as faixas estão disponíveis sob demanda. Os formatos recentes incluíram cassetes cobertos de cacos de vidro e um álbum inteiro em uma fita magnética preservada.

O fato de algumas músicas dessa gravadora não serem facilmente acessíveis é considerado um *benefício* para os adeptos nostálgicos dos cassetes e do vinil. (Se não vê sentido algum nisso, você não é o público-alvo desse mercado).

Desespero: se você adquiriu centenas de Bitcoins por uma pechincha há uma década, mas esqueceu a senha da sua carteira (infelizmente, um problema comum), tem a opção de contratar um "Hipnotista de Recuperação de Bitcoin" para ajudar a refrescar sua memória.

Percebe por que se trata de um mercado eficiente? Se você perdeu a senha e um hipnotista realmente puder ajudá-lo, o custo valeria a pena.

Em outras palavras, por mais estranho que pareça, existe uma lógica por trás da maioria dessas situações — pelo menos, na maioria das vezes.

O que Você Ganha com Isso?

Sem sombra de dúvidas, vivemos tempos confusos e desconcertantes, frequentemente caracterizados por uma percepção generalizada de exuberância irracional.

Contudo, a sorte sorri para os preparados e coisas boas acontecem com quem age. Quando falei pela última vez com Rebecca Rogers, a professora de estudos sociais que virou TikToker, ela estava iniciando um podcast — que depois foi adquirido por uma grande produtora — e participaria de oito conferências educacionais nos próximos meses.

Fazer vídeos engraçados de professores acabou sendo muito mais do que apenas um rápido sucesso viral, prestes a ser esquecido. Os vídeos levaram Rebecca a uma nova carreira, repleta de possibilidades aparentemente ilimitadas.

Os especialistas já previram antes do tempo a chegada do ápice do marketplace. Foi fácil fazê-lo. Afinal, a proliferação dos mercados é um desdobramento natural do progresso e do crescimento econômico.

Até recentemente, no entanto, este crescimento apresentava limitações. Era como um carro alugado com um limitador de velocidade embutido que eu tive uma vez em Dubai. Sempre que eu ultrapassava alguns quilômetros acima do limite legal de velocidade, ele começava a apitar e não parava até eu desacelerar. Se eu tentasse acelerar mais, ele simplesmente não respondia.

Hoje, esse limitador de velocidade desapareceu. Todo mundo tem algum talento monetizável, algum serviço que pode oferecer, alguma ideia que pode vender.

Existe um novo mercado; ele se chama Todo Lugar.

E se você quiser fazer parte dele — preste atenção. Se todos os outros estão "pegando suas sacolas de dinheiro", onde está a sua?

Capítulo Três
Aposte na Britney

CONCEITO: agora é possível apostar dinheiro real em resultados de eleições, eventos internacionais, economia e qualquer outra coisa imaginável — incluindo a Britney Spears. Se quiser começar o próprio mercado de apostas, também é possível. Para aumentar suas chances de sucesso, ignore opiniões pessoais e procure mercados com erros de precificação.

Pense rápido, quem será o próximo presidente dos EUA? E o próximo juiz da Suprema Corte? E será que o último projeto de lei de mudanças climáticas passará no Congresso?

Se você vive nos Estados Unidos (ou presta atenção ao que acontece no país), sem dúvida tem opiniões relacionadas a essas perguntas. Você também sabe que essas opiniões são polêmicas. Mas agora a novidade é: você pode apostar *dinheiro real* nelas. Se sentir que tem uma visão do que acontecerá no próximo ciclo eleitoral — ou em uma série de outros eventos futuros —, pode lucrar com suas previsões.

Experimentos com Análises Amadoras

Quando soube das apostas em mercados preditivos, pensei em estudá-los como pesquisa para este livro. Eu leria a literatura acadêmica, entrevistaria especialistas e escreveria sobre a experiência de forma imparcial.

A quem estou enganando? Sou competitivo e compulsivo. Naturalmente, imaginei que seria bom o bastante para ganhar dinheiro com isso.

Para minha primeira incursão no mundo dos mercados preditivos, recorri ao PredictIt.org, um dos primeiros mercados de apostas políticas a operar em grande escala. Um "mercado" é basicamente um pool de apostas, e há centenas abertos a qualquer momento, possibilitando que as pessoas apostem dinheiro real em todos os tipos de eventos políticos.

Vejamos alguns típicos exemplos:

- A taxa de aprovação do presidente.
- Quantos votos o presidente do Federal Reserve receberá.
- Qual partido vencerá a disputa pelo Senado no Arizona.
- O próximo líder do G20 a deixar o cargo.

Fiz um depósito inicial de US$1.000 e comecei a fazer apostas. Faltava um ano e meio para as eleições de 2022, mas eu já tinha certeza de que não havia como Marco Rubio perder na Flórida, e que os democratas na Câmara quase certamente perderiam assentos. Haveria outra audiência de confirmação de juiz da Suprema Corte nos próximos três meses? *Hmmm. Deixe-me verificar com minhas fontes.*

O mercado previa apenas 20% de chances para a última pergunta, mesmo assim, apostei US$100 nela.

Por duas semanas, monitorei ativamente o site, buscando novos mercados para apostar e variações na opinião pública. Consegui uma grande vitória quando recebi um alerta de notícia no meu telefone: *Netanyahu deixará o cargo de primeiro-ministro de Israel.*

Rapidamente, acessei um mercado de apostas sobre o "próximo primeiro-ministro de Israel" e apostei US$100 no segundo colocado, que estava atrás nas pesquisas. Minutos depois, as chances mudaram, mas não antes de eu ter feito minha aposta. Duas semanas depois, com a transferência de poder oficializada, recebi US$60 em ganhos, além dos meus US$100 iniciais.

Percebi então que ganhar dinheiro real nesses mercados exige mais do que suposições fundamentadas — é essencial monitorar notícias e tendências e agir rapidamente com base nelas. Depois disso, mantive o PredictIt aberto em uma aba e comecei a prestar mais atenção aos alertas de notícias. Eu não era rápido o suficiente para responder como na primeira vez, mas de vez em quando, conseguia obter um ganho fácil.

Admito que tive um pouco de sorte quando apostei instantaneamente na saída de Netanyahu. Na maioria das vezes, não se ganha dinheiro rápido somente recebendo notificações de notícias. Contudo, ao se aprofundar, *é possível* obter uma vantagem real. Ao contrário do mercado de ações, caracterizado por um grande número de traders (incluindo muitos com acesso a ferramentas que nós não conseguimos ter), os mercados preditivos ainda são novos o suficiente para que um pesquisador mediano e diligente consiga se destacar. Números exatos são difíceis de definir, mas os especialistas com quem conversei sugeriram que há algumas centenas de pessoas ganhando US$50 mil por ano ou mais apostando em eleições.

Faça Sua Aposta

Por mais estranho que pareça, o PredictIt é de propriedade da Victoria University of Wellington, na *Nova Zelândia*. Isso mesmo, durante anos, um dos poucos sites em que cidadãos norte-americanos podiam apostar legalmente nas eleições dos EUA era administrado por uma universidade a milhares de quilômetros de distância.

Até pouco tempo, isso era perfeitamente legítimo graças a um acordo complexo que a universidade conseguiu com a Comissão de Negociação de Futuros de Commodities (CFTC). Para deixar a CFTC feliz, o PredictIt concordou em operar com uma série de limitações. A maior delas era financeira: os usuários podiam apostar até US$850 por mercado. Outras condições incluíam um limite de 5 mil usuários por mercado; uso apenas para fins acadêmicos e de pesquisa; e o site seria gerenciado como uma organização sem fins lucrativos, sem taxas de corretagem ou comissões. (O PredictIt prometeu se adequar a essas exigências antes de entrar em operação.)*

Um limite de US$850 por mercado pode parecer restritivo, mas para apostar quantias maiores, basta distribuir o dinheiro em diversos mercados. Centenas de mercados estão abertos ao mesmo tempo, oferecendo muitas opções. Além disso, é frequente que diversos mercados façam a mesma pergunta de formas diferentes. Por exemplo, os seguintes mercados podem estar disponíveis para apostas:

Mercado 1. Os republicanos vencerão na Câmara nas próximas eleições?

Sim

Não

Mercado 2. Qual partido controlará a Câmara após a próxima eleição?

Republicanos

Democratas

* À medida que eu estava escrevendo este livro, a CFTC decidiu suspender o PredictIt por tempo indeterminado. A organização recorreu da decisão e o caso está seguindo seu curso no sistema judicial.

Como os EUA são um sistema bipartidário, há duas oportunidades para apostar na mesma previsão. Se estiver muito confiante em qualquer resultado do primeiro mercado (Sim/Não), pode apostar até US$850. Em seguida, pode apostar mais US$850 no segundo mercado (Republicanos/Democratas), dobrando sua participação. Mas, se estiver pouco confiante, pode apostar os US$850 em um mercado e proteger seu palpite apostando uma quantia menor no resultado oposto de outro mercado.

Quando comecei a experimentar diferentes estratégias, ficou claro que as proteções internas podem ser superadas com planejamento estratégico. No entanto, não demorou muito para que os maus hábitos se estabelecessem. Eu abordava as apostas políticas como um típico trader: compulsivamente e de forma inadequada. Fiquei emocionalmente apegado às minhas apostas e atribuí muita importância aos ganhos e perdas. Quando ganhava, me sentia um gênio: logo estaria escrevendo para a *Foreign Affairs* e aparecendo na C-SPAN. Quando perdia, o que era mais frequente, me sentia péssimo. *Como não percebi aquela mudança de comitê?*

Por fim, decidi que, para me tornar um apostador melhor, precisava procurar os especialistas.

Risco Negativo (Quando Você Não Pode Perder)

Caso esteja determinado a ganhar dinheiro real por meio de mercados preditivos, é bom aprender a ler dados brutos de pesquisas e rever seus conhecimentos em teoria das probabilidades. Contudo, meu interesse mesmo era aprender o conceito conhecido como *risco negativo*. De início, me parecia inconcebível, então levei certo tempo para entender.

Esteja avisado: se você pesquisar *risco negativo* no Google, a maioria dos resultados listará atividades como sexo sem proteção, uso de drogas de origem desconhecida e andar de carro com alguém que consumiu bebida alcoólica.

São tópicos completamente distintos.

No mundo dos mercados de predição, *risco negativo* se refere a apostas impossíveis de perder devido à forma como determinado mercado é liquidado. Na verdade, apostar em situações de risco negativo é a antítese do risco: como seu valor esperado (VE) é positivo, você só perde se *não* fizer a aposta.

Essa situação singular tende a ocorrer em mercados que oferecem mais de dois resultados possíveis, como eleições com muitos candidatos. Isso é conhecido como *multiple-contract markets* [mercados de contrato múltiplo, em tradução livre], e os apostadores experientes podem fazer apostas em muitos cenários diferentes.

Um exemplo comum é: "Quem será o candidato republicano em 2024?"

Apesar de as primárias serem concorridas, atraindo dúzias de candidatos viáveis, além do grupo principal de três ou quatro candidatos, um segundo grupo com candidatos menos promissores completa o quadro. Cada candidato(a) representa um mercado de apostas independente de *sim/não*. Ou seja, você pode apostar individualmente contra todos os candidatos que considere improvável de avançar nas fases eleitorais. Afinal, em uma eleição primária, só pode haver um vencedor e muitos perdedores.

Vejamos um mercado hipotético:

> Quem será o candidato republicano em 2024?
>
> - Governador do estado de Sunshine.
>
> - Ex-vice-presidente.
>
> - Estrela de reality show.
>
> - Senador do Texas.

- Congressista desconhecido.
- Cara da lanchonete.

(O mercado real poderia ter dezenas de outros candidatos, mas vamos parar por aí.)

Em geral, os mercados são formados por resultados que totalizam 100%. Dito de outro modo, em um simples mercado de sim/não em que a previsão para as chances de "sim" são de 60%, as chances para "não" seriam de 40%.*

Porém, em situações de risco negativo, os resultados possíveis totalizam mais de 100%. Isso acontece porque é possível apostar sim *ou* não em vários candidatos, criando oportunidades de arbitragem.

Se ainda estiver confuso, lembre-se: o risco negativo descreve um cenário em que, ao fazer múltiplas apostas, *você pode ganhar dinheiro independentemente do vencedor.* Apostando contra cada candidato em uma longa lista, embora esteja errado sobre um deles, seus ganhos nos outros superam a perda.

Não É Só Política: Que Entrem o Polymarket e Amigos

Após algumas semanas de experiência com o PredictIt, mergulhei em outra plataforma chamada Polymarket. Nela, é possível apostar em todos os tipos de mercados, não apenas em eventos políticos. Entre outras coisas, você poderia apostar se Britney Spears será liberada da tutela de seu pai,

* Em vez de porcentagens, muitos sites de apostas usam uma escala de apostas de US$0 a US$1. Você poderia comprar ações "sim" a US$0,60 ou vender ações "não" a US$0,40, por exemplo. Para aprender mais sobre risco negativo (é um pouco complicado), confira os guias gratuitos no site de predição politics.com [conteúdo em inglês].

o número de passageiros que passam pela segurança do aeroporto em um dia específico, se o próximo álbum de Kanye West será reproduzido mais de 100 milhões de vezes em sua primeira semana e se um furacão atingirá os 48 estados dos EUA no próximo mês.

Só por diversão, votei na liberação de Britney Spears e ganhei quase US$200. Free Britney!* Em seguida, votei no número no número diário de pessoas que passam pelas barreiras de segurança dos aeroportos — como viajo muito de avião, pensei, com certeza sou um especialista, — e rapidamente perdi US$100.

Se você acha que isso parece muito com jogo de azar, está certo... até certo ponto. Nesse sentido, *é* uma forma de jogo, e por isso os reguladores tentam fechar alguns desses sites.

No entanto, os mercados preditivos têm pelo menos um objetivo importante que os diferencia dos típicos sites de apostas esportivas. Ao usar os dados agregados de predição desses mercados, os especialistas realizam *as próprias* previsões sobre tudo, desde a trajetória da economia até perturbações iminentes de ordem política existente e qual local será atingindo pela próxima grande tempestade de neve. Em outras palavras, estes dados podem ser usados para fins legítimos de pesquisa — tanto que a Harvard Business School tem um curso chamado Forecasting Using Prediction Markets [Forecasting com Mercados Preditivos, em tradução livre].

Em alguns casos, esses dados agregados são mais eficazes em prever eventos futuros do que especialistas, pesquisas ou cobertura midiática. Isso ocorre porque, conforme explicado pela teoria da "sabedoria das multidões", quando as previsões de um grupo grande e diversificado de não especialistas são combinadas, às vezes podem ser mais precisas do que a análise de profissionais treinados.

---

* Admito que só mais tarde me perguntei se isso era abusivo. Britney não perde nada com essa prática, mas também não lucra, o que parece injusto. Por segurança, optei por continuar apostando em políticos, por considerar uma atividade mais justa.

Além disso, os mercados de apostas possibilitam aos analistas enxergar além das máscaras e da "indignação do X" [antigo Twitter]. Afinal, só porque todos estão irritados com algo não significa que isso vá mudar. Quando se pede que apostem em suas crenças, as pessoas subitamente se tornam mais racionais. Por exemplo, pense como esses mercados superaram as previsões da maioria dos comentaristas profissionais durante um período de turbulência política no Reino Unido.

Na primavera de 2022, muitos artigos de mídia previram que o primeiro-ministro Boris Johnson perderia o cargo. Nos meses anteriores, ele havia cometido uma série de erros, incluindo a promulgação de leis rígidas de Covid para a nação, que ele mesmo ignorou por conveniência. Em um escândalo tipicamente britânico, a noção de justiça foi questionada e a hipocrisia de um líder que dizia uma coisa e fazia outra foi evidenciada.

Durante semanas, foi a principal notícia no Reino Unido. Até mesmo os tabloides conservadores que o apoiaram nas eleições se uniram ao coro de críticas, compreendendo e explorando o sentimento público de indignação. Muitos artigos tentaram prever o momento da queda de Johnson. O consenso parecia ser de que ele seria expulso; a única incerteza era se ele resistiria por dias ou semanas.

Curiosamente, ao conferir os mercados de apostas no PredictIt e em outros sites, vi que, por uma margem de 9 para 1, previa-se que Johnson permaneceria no cargo! Quase todos os profissionais e políticos sérios acreditavam que ele resistiria à tempestade. *Hmmm. O que eles sabiam?*

Por incrível que pareça — ou não, dependendo da sua perspectiva —, Johnson permaneceu no poder por mais alguns meses. Nesse caso, o povo foi mais inteligente do que os comentaristas, cuja maioria pensava que toda a situação levaria à sua rápida queda.

Eu apostei US$100 na permanência de Johnson e ganhei. Claro que não fui um gênio: os mercados já haviam precificado a dificuldade em derrubar um primeiro-ministro, especialmente alguém tão astuto quanto Johnson, que havia sobrevivido a vários escândalos anteriores.*

Isso É Legal?

Sim e não. O Polymarket opera em uma estrutura quase legal, sendo parcialmente centralizado e descentralizado. Depois de idas e vindas com reguladores, argumentando que as empresas que facilitavam os mercados de apostas não poderiam simplesmente operar a esmo sem uma licença adequada, em 2022, o Polymarket foi forçado a fechar para investidores nos EUA — embora continuasse a atender residentes de outros países, assim como norte-americanos que usassem redes privadas virtuais (VPNs) para acessar o site.

Enquanto Polymarket e PredictIt encerravam suas operações (pelo menos, para os norte-americanos), outro projeto chamado Kalshi solicitava permissão aos legisladores a fim de operar legalmente para todos. O Kalshi, como o Polymarket, espera oferecer negociações em uma ampla gama de mercados. Além de, claro, apostar nas eleições mais importantes, você também pode apostar em quantas pessoas irão "curtir" o próximo tweet de Elon Musk, no preço futuro do combustível ou em qual será o próximo vírus a causar uma pandemia.

É difícil prever quais plataformas de mercados preditivos se consolidarão e obterão licença para operar em larga escala, mas é certo que veremos cada vez mais mercados de apostas surgindo nos próximos anos. Quando um mercado virtual fecha, outro aparece.

Em breve, você poderá baixar aplicativos que facilitarão a integração de tudo isso, com transferências de dinheiro otimizadas e abundância de mercados. Resultado: se atualmente

* Finalmente, Johnson foi derrubado e forçado a renunciar muitos meses depois, em resposta a novos acontecimentos e a um escândalo diferente.

não é possível apostar dinheiro real em um mercado não tradicional, muito em breve será.

Como Não Perder Todo o Seu Dinheiro

Prever política era divertido. Quanto mais eu navegava em diferentes sites, mais gostava do ambiente livre e não regulamentado em que eles existiam. Infelizmente, foi então que cometi um erro colossal — um que me lembrou do custo da ausência de uma autoridade central supervisionando essas plataformas.

Depois de me cadastrar em uma dessas plataformas de apostas, transferi um bom dinheiro para minha carteira digital. Imaginei que seria muito simples — já tinha feito isso antes e salvei um ID digital único na minha agenda de contatos, foi o que pensei. Na realidade, o ID que salvei não era o que eu deveria usar para transferir dinheiro.

Quando o dinheiro não apareceu na minha conta depois de algumas horas, entrei em contato com a equipe de suporte e fiquei aliviado quando um representante respondeu prontamente e prometeu ajudar. *Ótimo*, pensei. *Mesmo que eu tenha feito algo estúpido, eles podem consertar.*

Após uma hora, o representante enviou um e-mail com más notícias. Eu havia enviado meu dinheiro para uma carteira "queimada" — uma que eles não conseguiam acessar.

"O dinheiro simplesmente sumiu?", perguntei, estupefato.

"Sinto muito", disse o representante. "Mas, sim, é isso."

Discordei veementemente algumas vezes, e a equipe de suporte foi sempre receptiva e cordial. Mas também confirmou que não havia nada que pudesse fazer.

Se você perde o cartão de crédito, pode ligar para o banco e obter o reembolso de quaisquer cobranças feitas após o extravio. Se você paga a mais a uma empresa, ela normalmente é obrigada a reembolsar o excedente ou aplicar o valor a um pagamento futuro — e, se isso não for feito, contanto que esteja usando um cartão de crédito ou débito, você pode contestar a cobrança com o banco.

As coisas não funcionam assim em sites como o Polymarket. Nele, os pagamentos são descentralizados e armazenados na blockchain, o que significa que as transações acontecem estritamente entre duas partes, sem mediação de bancos ou de empresas de cartão de crédito. O problema é que o que acontece na blockchain literalmente permanece na blockchain; ou seja, as transações são irreversíveis. O engraçado de uma transação irreversível é justamente isso: não tem volta.

Perder dinheiro no mundo digital, em vez de para outra pessoa, é extremamente deprimente. É como queimar dinheiro. Quando você transfere para o endereço errado, não pode recuperá-lo, e ninguém mais pode acessá-lo. O dinheiro simplesmente deixa de existir, pelo menos, para todos os fins práticos. Bons tempos!

Que minha perda sirva de lição. Quando estiver fazendo transações com dinheiro real em redes descentralizadas, *tenha cuidado*. Envie pequenos pagamentos primeiro, depois confirme se deu certo antes de transferir quantias maiores.

PREPARAÇÃO

A preparação para atuar nesses mercados pode ser mais fácil ou mais difícil, dependendo do tipo de plataforma e dos regulamentos de acesso.

Em plataformas verdadeiramente descentralizadas, você nem precisa se registrar, basta conectar sua carteira digital. Em mercados centralizados e parcialmente centralizados, é necessário se registrar e criar uma conta como em qualquer outro site.

No entanto, para sites com restrições geográficas (ou seja, disponíveis ou legais apenas em determinadas áreas), pode ser necessário usar uma VPN. Algumas plataformas exigem um sistema KYC (sigla em inglês para "Conheça Seu Cliente"), que verifica sua identidade antes de permitir apostas. É mais difícil manter o anonimato nessas situações.

Seja Pago por Prever o Futuro: Um Guia Rápido

Um projeto chamado Polymarket Whales rastreia todas as grandes apostas feitas na plataforma e as posta publicamente. Assim, todos conseguem ver exatamente onde as pessoas estão ganhando ou perdendo muito dinheiro (as pessoas são identificadas por meio de seus endereços da carteira blockchain — uma longa sequência de números começando com *0x* —, mantendo o anonimato).

A análise de entradas do site revela muitos padrões interessantes. Por exemplo, alguém ganhou centenas de milhares de dólares apostando que Tom Brady continuaria a jogar na NFL por mais um ano. Outra pessoa teve menos sorte e perdeu US$40 mil apostando na probabilidade de que o X [antigo Twitter] adicionaria um botão de edição à interface. A princípio, essas apostas parecem aleatórias, mas com o tempo, você aprende o que é preciso para ganhar (ou, pelo menos, não perder) dinheiro nos mercados preditivos.

A forma mais óbvia de lucrar nos mercados preditivos é fazendo previsões precisas, mas claro que é mais fácil falar do que fazer. Lembre-se, muitas outras pessoas inteligentes tentam fazer o mesmo. Além disso, as chances das apostas favorecem os resultados esperados pela maioria. Ou seja, quanto maior for a probabilidade de ganhar qualquer aposta, menores serão seus ganhos.

Imagine um mercado para a possibilidade de chover amanhã. Se todas as previsões indicarem 98% de possibilidade de chuva, você não conseguirá ganhar dinheiro (pelo menos, não muito) apostando US$100 que vai chover. Muito poucas pessoas apostariam contra você! Não só isso, você também teria que aceitar chances muito desfavoráveis, significando que estaria arriscando muito para ganhar pouco. Afinal, há *alguma* possibilidade de que não chova. Se não chover, você perde US$100. Se chover, ganha apenas US$2.

Vejamos um exemplo concreto. Na corrida para a eleição de 2020, Joe Biden virou notícia especulando sobre a possibilidade de aumentar o número de juízes da Suprema Corte. Após suas declarações, surgiram alguns mercados de apostas para responder à pergunta: "Se eleito, Biden aumentará o número de juízes da Suprema Corte?"

Em pouco tempo, as chances ficaram claras: *quase ninguém acreditava que isso aconteceria*. Afinal, seria uma medida ousada e sem precedentes recentes, e qualquer tentativa certamente desencadearia uma batalha política de alto risco que uma nova administração não poderia se dar ao luxo. Segundo os mercados de apostas, a possibilidade de sucesso nunca foi maior que 1 para 10 e, na maioria das vezes, as chances eram ainda menores.

Os mercados estavam certos. A exibição de Biden acabou sendo estritamente política: seus apoiadores a usaram para arrecadar fundos e engajar a campanha, enquanto os críticos fizeram o mesmo com seus eleitores. No final, ambos os lados voltaram ao que interessa e prepararam-se para a batalha seguinte. Todos que apostaram nas chances remotas de "sim" acabaram compensando aqueles que apostaram em "não".

Com certeza, se Biden tivesse tentado — e conseguido — adicionar mais um ou dois juízes, você teria se saído muito bem ao apostar nas chances remotas. Com chances de 1 para 20 (95% contra 5%), cada US$100 apostados teriam rendido um lucro de US$1.900, descontando as comissões.

Por mais tentador que pareça, lembre-se de que, para cada pessoa que ganha dinheiro em uma aposta, muitas outras perdem. E mesmo que sua previsão pareça ser uma certeza, é importante ser cauteloso. Afinal, a crença de que simplesmente "não se pode perder" levou à ruína inúmeros especuladores ao longo da história. Em vez de apostar em um mercado porque acredita que sua previsão está correta, procure aqueles em que acredita que muitas outras pessoas estão *erradas*. As vantagens estão nesses *mercados com erros de precificação*, os alvos dos traders bem-sucedidos e dos jogadores que contam cartas em todo o mundo.

Após três meses de apostas regulares em política e diversos outros eventos, meu desempenho variou bastante. Acertei algumas coisas, mas também cometi muitos erros. Se você for mais esperto do que eu e quiser tentar, comece da seguinte maneira.

Pesquise. Aprenda o máximo que puder sobre o tópico em que quer apostar seu dinheiro. Aprofunde-se e adquira o hábito de revisar fontes primárias (como dados de pesquisas) em vez de confiar em mídias secundárias. Passe um tempo em redes como Reddit e Discord, verificando mensagens fixadas nos fóruns que respondem a perguntas comuns. Vídeos do YouTube também podem ser úteis, mas desconfie de conselhos que divergem muito do que você ouve em outros lugares. Busque um guia para iniciantes e procure questionar suas suposições conforme avança.

Faça perguntas nos fóruns. Quando comecei a postar no Discord, presumi incorretamente que fornecer uma introdução ou contextualizar um pouco minha consulta seria útil. Logo descobri o contrário: seja direto, apenas faça sua pergunta.

√ *"Alguém sabe quando serão divulgados os números mais recentes da pesquisa?"*

x *"Olá, espero que estejam bem. Gostaria de saber se alguém sabe quando os números mais recentes da pesquisa sairão? Pensei que poderia ser útil em..."*

Pratique com apostas de baixo risco. Os mercados preditivos podem ser ótimos para isso, permitindo apostas de US$10 ou menos. Comece com US$100 e diversifique ao máximo. Claro, você pode perder várias apostas de início, mas é um aprendizado relativamente barato. Ou, para evitar perdas enquanto aprende o básico, use plataformas que permitem apostas com dinheiro fictício.

Ignore suas opiniões pessoais (e as dos outros). A maioria das páginas de mercados de apostas geralmente tem seções de comentários que devem ser tratadas como qualquer seção de comentários na internet (ou seja, ignoradas). Mesmo em ambientes relativamente moderados de mercados preditivos, o discurso político deixa muito a desejar. Não se deixe influenciar por opiniões apresentadas como fatos, meias-verdades ou afirmações equivocadas.

Ignorar os debates acalorados que muitas vezes surgem nas seções de comentários ajuda a evitar ser influenciado por suas crenças ou emoções. Apostar em eventos políticos não é sobre expressar suas preferências pessoais e, sim, sobre julgar *o que você acredita que acontecerá*. No início, achei isso difícil, mas com dinheiro real em jogo, aprendi a ser apolítico ou, pelo menos, a deixar minhas opiniões pessoais de lado.

Aposte nas oscilações. Uma das estratégias mais simples que você pode adotar é simplesmente "surfar a onda" dos mercados voláteis. Mercados que levam muito tempo para se resolver, como uma eleição presidencial distante, tendem a flutuar em resposta a eventos e pesquisas.

Em vez de tentar prever o resultado final — que imobiliza seu dinheiro por muito tempo, ainda que esteja correto —, tente fazer várias apostas menores em eventos ou marcos intermediários. Escolha um ponto de saída para obter lucros ou minimizar perdas. O importante é ser rápido e sair no momento certo.

Considere as comissões. A maioria das plataformas de apostas cobra taxas, que devem ser consideradas nos seus ganhos esperados. Como diz o ditado, a casa sempre ganha. O PredictIt, por exemplo, retém 10% de cada aposta vencedora, e mesmo plataformas completamente descentralizadas têm algum tipo de estrutura de taxas devido aos custos reais de manutenção do sistema.

Capitalize com a irracionalidade das outras pessoas. A maioria das pessoas que aposta, seja em eventos políticos, esportes ou na vida confusa das celebridades, acaba se apegando emocionalmente ao seu resultado preferido.

Já mencionei que se deve evitar esse hábito em suas apostas, mas você também pode obter vantagem, simplesmente por estar ciente de como isso afeta os outros. Isso acontece sobretudo em grandes disputas, como as eleições presidenciais, eventos esportivos de alto risco, como o campeonato da NFL ou a Copa do Mundo, e todas as "questões culturais" que são bastante polêmicas.

Lucre com teorias da conspiração. Falando em apostas emocionais, capitalizar os delírios coletivos pode ser uma estratégia extremamente lucrativa quando se trata de apostas políticas.

Veja o que aconteceu logo após a eleição presidencial de 2020, quando Joe Biden claramente venceu e Donald Trump se recusou a admitir. À medida que mais e mais evidências reforçavam a margem de vitória de Biden, alguns apoiadores de Trump simplesmente se recusaram a aceitar a realidade e continuaram dobrando as apostas. Apostadores profissionais no PredictIt e no Polymarket chamaram isso de "dinheiro MAGA grátis", significando que estava disponível para quem quisesse aproveitar.

Procure as "apostas de 99%". São apostas em que a maioria concorda que o resultado está praticamente decidido, mesmo que ainda não tenha sido oficialmente resolvido (fechado) pela plataforma. Isso tende a acontecer quando um resultado eleitoral aguarda os votos por correio [nos EUA], quando um candidato desiste antes de ser formalmente anunciado o vencedor, ou nos segundos finais de um jogo com resultado praticamente definido.

Apesar de serem arriscadas, pois é necessário apostar muito para ganhar pouco, essas apostas de 99% são o mais próximo de uma certeza. Faça muitas delas e os ganhos acabarão se acumulando.

Depois de experimentar um pouco, passei a respeitar muito os profissionais do mercado preditivo, mas percebi que nunca seria um deles. Em vez de ser realmente bom, eu seria do tipo que *acha* que é bom. Eu poderia ganhar algumas apostas grandes, mas isso só me daria uma falsa confiança — uma característica perigosa para aspirantes a apostadores.

Sem domínio da teoria das probabilidades, eu também erraria muito, duvidaria de mim mesmo e faria apostas erradas para "compensar". Em suma, eu seria exatamente o tipo de pessoa contra a qual os profissionais gostam de apostar: alguém que acha que é melhor do que realmente é. Como diz o velho ditado do pôquer: se você não encontrar o idiota, levante-se, pois você é o idiota.

Como eu não queria ser o idiota, acabei me dedicando a outras atividades.

Capítulo Quatro
Dobre Seu Salário

CONCEITO: trabalhar em dois ou mais empregos em tempo integral não é para os fracos — mas, nas condições certas, você pode dobrar sua renda sem trabalhar dobrado.

Jacob H. começa seu dia de trabalho cedo pela manhã, conectando-se à intranet da empresa em Connecticut, ainda que more no Colorado, duas horas atrás no fuso horário. Ele não se importa com a diferença — já está acostumado com horários variados desde que a pandemia forçou todos os funcionários a trabalharem remotamente.

Após algumas tentativas fracassadas de retorno ao escritório, seguidas por um novo regresso devido a uma nova onda de infecções, a empresa anunciou uma política permanente de trabalho remoto opcional. Dentro de um mês, Jacob alugou um caminhão da U-Haul e mudou-se para Boulder, onde aproveitava os fins de semana pedalando e explorando trilhas.

Mas, como hoje é um dia útil, ele começa sua jornada se dedicando a várias tarefas de TI por duas horas antes de abrir outro notebook e conectar-se à rede de outra empresa. Nesta, ele inicia sua *segunda* jornada de trabalho para uma empresa de engenharia no Meio-Oeste. Pelas próximas oito horas ou mais, ele alterna entre os dois empregos, evitando reuniões simultâneas. Jacob permanece engajado nos canais de comunicação interna de ambas as empresas ao longo do dia, fornecendo um fluxo contínuo de atualizações para cada equipe.

O esforço adicional compensa. Jacob recebe *dois salários em tempo integral* — não se trata de um emprego e uma renda extra —, totalizando mais de US$340 mil por ano. E ninguém, em nenhum dos empregos, tem a menor ideia de que ele está duplicando suas atividades.

Ele compartilhou essa façanha comigo durante uma conversa noturna pelo Zoom (afinal, como se pode imaginar, suas manhãs e tardes são bastante ocupadas). Tudo o que você está prestes a ler é verdadeiro, exceto pelo nome dele, que alterei a seu pedido.

Se Jacob estivesse trabalhando presencialmente em um escritório com colegas, manter sua vida dupla seria bastante desafiador, senão impossível. Não porque seria mais difícil evitar ser descoberto, mas porque as horas dedicadas à hiperprodutividade seriam facilmente consumidas por reuniões, interrupções e distrações, dificultando ser produtivo em duas jornadas de trabalho.

Apesar de reconhecer que ter dois empregos pode ser uma fonte de distração, Jacob observa que um dos empregos é menos convencional, com um CEO frequentemente ausente. Além disso, ele afirma que o trabalho remoto economiza tanto tempo que ele consegue realizar efetivamente dois dias de trabalho em um.

Trabalhar em *dois empregos em tempo integral durante horas sobrepostas*, sem que os empregadores saibam disso, pode parecer um pouco radical. No entanto, Jacob não está sozinho. Um número crescente de profissionais encontrou maneiras inteligentes de burlar o sistema, trabalhando em múltiplos empregos ao mesmo tempo, seja por escolha, necessidade ou por um acaso favorável.

Esta prática não se aplica a estudantes universitários que acumulam empregos no varejo para bancar livros e pizzas, nem a funcionários iniciantes desempenhando papéis administrativos discretos. Ao contrário, é mais comum entre profissionais experientes, como programadores, administradores de sistemas, engenheiros, contadores e trabalhadores do conhecimento capacitados em diversas áreas. Muitos desses profissionais recebem salários de seis dígitos de cada empregador.

Alguns adotam essa abordagem como um ato de protesto ("Todo emprego é um roubo de tempo", conforme mencionado por um entrevistado). Outros são motivados principalmente pelo aspecto financeiro, enquanto alguns apreciam a constante estimulação que essa prática proporciona. "É como um videogame", disse Jacob. "Só que com apostas mais altas."

Isso pode ser estressante e exigente, e não é para todos. Mas algumas pessoas prosperam sob essa pressão adicional. A recompensa é óbvia: ganhar o dobro de dinheiro.

Multiworking: Trabalhando (em Múltiplos Empregos) de Qualquer Lugar

Esse fenômeno é mais comum do que se imagina — embora seja difícil obter estimativas precisas devido ao sigilo mantido pelas pessoas que o praticam.

A ascensão do multiworking pode ser explicada por duas palavras: *trabalho remoto*. A pandemia tornou comum essa prática, forçando muitos empregadores a revisar suas políticas e permitir que os funcionários trabalhassem de maneira independente e de qualquer lugar. Em alguns casos, o trabalho remoto mostrou-se vantajoso para as empresas, resultando em economia de custos com aluguel e serviços públicos, além de aumento da produtividade.

Uma vez que essa porta foi aberta, foi difícil fechá-la. Em muitas empresas, o trabalho remoto rapidamente se tornou a prática-padrão, não mais um privilégio reservado a um pequeno número de funcionários de alto desempenho. Ainda que, posteriormente, algumas tenham retomado as políticas que exigem a presença física no escritório, atualmente, muitas outras oferecem a opção de trabalho em casa para a maioria de seus colaboradores, pelo menos, dois ou três dias por semana, e algumas permitem que eles trabalhem totalmente remoto.

"Mas ele não está enganando seus chefes...?"

Se você é um executivo ou gerente, é possível que esteja lendo isso com alarme. Mesmo se não estiver em uma posição de liderança, talvez esteja pensando: essas pessoas estão enganando seus empregadores! Com a atenção dividida entre diferentes chefias, elas não podem desempenhar bem seus trabalhos para ambos! Talvez você esteja até se perguntando se é legal trabalhar em segredo em dois empregos ao mesmo tempo.

É um pouco sorrateiro, de fato. No entanto, até que os contratos de trabalho passem a proibir de forma explícita a simultaneidade de empregos, é difícil identificar exatamente qual infração está sendo cometida (desde que não haja algum conflito de interesses evidente).

Vejamos o caso de alguém como Jacob. Se ele está trabalhando de modo eficaz nos dois empregos, e os empregadores estão satisfeitos com seu desempenho — ou, sendo menos generoso, se eles são tão desatentos a ponto de não perceberem as ausências frequentes de Jacob —, quem ele está enganando? Como ele faz questão de ressaltar, muitas outras pessoas desperdiçam o dia todo no trabalho sem estarem de fato trabalhando. Ele, por outro lado, simplesmente otimiza melhor o tempo.

Jacob está longe de ser o único trabalhando em múltiplos empregos ao mesmo tempo. Isaac P. é o fundador anônimo do Overemployed (overemployed.com), site que publica relatórios de emprego e atualizações de colaboradores que trabalham em diversos empregos. Durante a pandemia, ele estava em processo de transição entre empregos quando optou por permanecer em ambos. Ele chamou isso de uma proteção contra a incerteza: se o novo trabalho não desse certo, ainda teria o antigo como plano B.

De início, ele presumiu que conciliar ambos os trabalhos se tornaria insustentável, forçando-o a tomar uma decisão. Entretanto, para sua surpresa, conseguiu facilmente desempenhar ambos os papéis sem negligenciar suas responsabilidades ou precisar dar um jeitinho. Quando a empresa nº 1 anunciou uma grande redução de pessoal, seu nome não estava entre os demitidos. Aparentemente, seus chefes haviam decidido que ele era indispensável. Neste contexto, fazia alguma diferença ele trabalhar para a empresa nº 1 apenas metade do tempo?

Emprego no "Modo Difícil"

Muitos videogames têm uma opção de "modo difícil" ou "modo expert", que podem ser acessadas por jogadores que já finalizaram o nível de dificuldade normal do jogo. Assumir múltiplos empregos em tempo integral é, na prática, o *modo difícil dos empregos*.

Exercer múltiplos empregos não é ser multitarefa, algo impossível; é gerir de forma contínua dois ou mais ambientes de trabalho, projetos e grupos de colegas.

Para alguns profissionais, esse modo de trabalho é mais fácil do que para outros. O emprego ideal para múltiplos trabalhos é aquele que permite trabalhar de forma independente, com a necessidade ocasional de reportar o progresso. Se você tem autonomia e é responsável por entregáveis (código, auditorias, relatórios técnicos), trabalhar em múltiplos empregos pode ser uma opção viável.

Ainda melhor é quando o trabalho envolve monitorar algo que requer pouca atenção. Neste grupo, os profissionais de TI são a maioria, conforme mostram seus relatos. Gerentes que não programam nem sempre entendem a quantidade real de trabalho manual que suas equipes precisam realizar, e trabalhadores inteligentes de TI podem explorar essa lacuna. Além disso, como vimos com Jacob, o trabalho remoto facilita muito a conciliação de múltiplas tarefas e responsabilidades.

Por outro lado, caso seu trabalho seja altamente colaborativo, isso fica mais difícil. Gerentes de projetos, líderes de grandes equipes e outros que precisam interagir constantemente com colegas podem achar complicado manter o segredo. Para pessoas como Isaac, fundador do Overemployed, múltiplos empregos não significam *apenas* renda extra, mas também uma estratégia de gestão de riscos.

Colaboradores do Overemployed, e os quase 150 mil participantes do subreddit Overemployed, chamam o primeiro emprego de J1 e o segundo de J2, e assim por diante. Entre os típicos comentários, vemos: "Consegui ser mais corajoso no J3, porque não me importava em ser demitido do J1".* O subreddit oferece diversos conselhos e recursos para aspirantes a trabalhar em múltiplos empregos, como tornar o perfil do LinkedIn invisível para colegas de uma determinada empresa — o que é útil quando você já está empregado, mas procurando um emprego adicional. Outra discussão oferece análises de "mouse jigglers" — pequenos dispositivos USB que mantêm a tela do computador ativa mesmo quando você está fazendo outra coisa.

Para esses colaboradores, ter *mais de dois empregos* permite se dar ao luxo de correr riscos que normalmente evitariam. No exemplo mais extremo que encontrei, um especialista em TI alegou ter *cinco* empregos em tempo integral, todos em empresas da Fortune 500.

* Uma dica da comunidade: ao se candidatar a novos empregos, fique atento a expressões como "precisa usar muitos chapéus," "capaz de prosperar em um ambiente dinâmico" ou até mesmo "mão na massa". Termos como esses são indícios de que a função exige um alto nível de envolvimento — o oposto do que você precisa para o seu J2 e além.

Como isso é possível? Ele simplesmente nunca parou de realizar entrevistas e aceitou todas as ofertas. "Se eu conseguir manter isso por um ano", escreveu, "vou ganhar US$ 1,2 milhão".

Essa reserva financeira não só funciona como rede de segurança, mas também oferece vantagem nas negociações salariais. Cada novo emprego encorajava esse especialista em TI a pedir salários mais altos. E por que não? Suas habilidades especializadas estavam em alta demanda e, com múltiplos salários, ele podia se dar ao luxo de pedir demissão, caso uma das empresas não atendesse suas expectativas.

Por fim, ele ousou pedir ao seu empregador original para ser dispensado de reuniões que denominou "improdutivas" para "focar seu trabalho". Ele esperava que essa exigência fosse negada — mas, surpreendentemente, o gerente concordou. Este especialista claramente havia dominado um novo nível de dificuldade no emprego.

Guia Rápido para Múltiplos Empregos: Como Estar em Dois Lugares ao Mesmo Tempo

Quem disse que você não pode estar em dois lugares ao mesmo tempo? Para obter os melhores resultados, siga estas dicas.

- Evite reuniões sempre que possível. Desvie de convites indesejados para reuniões ou chamadas telefônicas espontâneas, deixando claro para seus colegas que você pode responder de forma mais rápida e eficaz por meio de comunicações assíncronas.
- Para as reuniões inevitáveis, evite o vídeo sempre que possível. Ao participar de reuniões remotas apenas no modo áudio, você pode realizar outras tarefas simultaneamente e não precisa manter os olhos em uma única tela.

- Agende blocos de tempo dedicados a cada emprego. Durante essas sessões, esteja disponível para os colegas e seja "visto" regularmente, seja falando em reuniões remotas ou participando de conversas em plataformas digitais como Microsoft Teams ou Slack.
- Crie um espaço de trabalho separado para cada emprego, se possível. Alguns profissionais multitarefas trabalham em um emprego no escritório de casa e em outro na mesa da sala de estar. Essa separação física, mesmo que pequena, pode ajudar a redefinir mentalmente ao passar de um "dia de trabalho" para outro.
- Use um computador separado para cada emprego. Isso é fundamental. Além de ajudar a manter a organização, reduz o risco de ser descoberto. Se sua empresa forneceu um notebook ou outro dispositivo, tenha especial cuidado: muitos deles incluem algum tipo de software de monitoramento.
- Evite se sobrecarregar. Lembre-se de que quando um colega da Empresa A acessa seu calendário para agendar uma reunião, ele não verá os horários que você já se comprometeu com a Empresa B (e vice-versa). Para evitar a emergência de precisar estar em dois lugares ao mesmo tempo, simplesmente bloqueie esses horários em seu calendário e marque-os como "ocupados".
- Se você se encontrar nessa situação, participe de ambas as reuniões usando dois dispositivos diferentes e alterne entre eles (não se esqueça de colocar o microfone no mudo!). Tente dividir sua atenção de forma equilibrada, caso precise falar. Se for pego de surpresa, saia imediatamente da chamada e culpe a conexão da internet quando retornar.
- Como você estará disponível apenas metade do tempo em comparação com outros funcionários (ou talvez

até menos), não se esqueça de estar ativo e disponível sempre que possível. Em vez de enviar muitos e-mails de uma só vez, use a função de envio programado e agende-os para serem enviados em intervalos aleatórios ao longo do dia. Se seus empregos usam um sistema de mensagens interno, mantenha-se conectado, mas defina seu status como "ocupado", para que, se alguém lhe enviar uma mensagem e você não responder, presumam que você está em uma reunião ou imerso no trabalho (o que pode ser verdade, claro... só que em outro emprego).

- Identifique quais tarefas são verdadeiramente urgentes em cada emprego e quais podem esperar. Observe que algumas podem esperar *indefinidamente*. Encontrar tarefas que você não precisa mais fazer (nunca mais!) é uma grande vantagem, seja para gerenciar múltiplos empregos ou apenas para poupar tempo em geral.
- Mantenha seus perfis nas redes sociais vagos. O do LinkedIn é imprescindível: depois de adquirir todos os empregos que puder gerenciar, limpe seu perfil para remover referências a *qualquer* empregador atual. A menos que esteja considerando mais ofertas de emprego (!), você também pode tornar seu perfil privado.
- Por último, decida qual emprego é mais importante para você. Se algo surgir e você precisar escolher um deles amanhã, qual seria? No caso de um empregador descobrir sobre o outro e forçá-lo a tomar uma decisão, você já terá sua resposta pronta.

Após alguns meses desde nossa primeira entrevista, retomei contato com Jacob. Surpreendentemente, ele ainda não havia sido descoberto e, ao que tudo indicava, seus superiores em ambas as empresas estavam contentes com seu desempenho. No entanto, houve alguns dias estressantes em que importantes chamadas foram agendadas para o mesmo horário, forçando-o a decidir qual empregador priorizar. Depois disso, ele se desculpou e fez um esforço extra para ficar online por mais tempo. *Nada grave aconteceu.*

Contudo, surgiu um novo desafio. Os gerentes de projeto em ambas as empresas começaram a incentivar sutilmente os funcionários remotos a utilizarem vídeo, em vez de apenas áudio, durante as reuniões — parece que os gestores concluíram que os participantes estavam mais engajados quando as câmeras estavam ligadas. Isso, naturalmente, representava um problema para alguém que utilizava a maior parte do tempo das reuniões para outras atividades.

Após completar um ano como funcionário duplo, Jacob começou a considerar a possibilidade de se aposentar de um dos empregos. Ele sentia falta de namorar e de jogar basquete com os amigos na academia, atividades que foram deixadas de lado durante o início da pandemia. Mas agora que a vida estava gradualmente retornando ao normal, ele estava pronto para recuperar parte de seu tempo livre.

Entretanto, abandonar o hábito de ter dois empregos não foi fácil para ele. Receber múltiplos depósitos volumosos em sua conta bancária a cada duas semanas era um incentivo poderoso para continuar. Com esses ganhos, ele conseguiu quitar algumas dívidas, comprar um caminhão novo, e já não se preocupava mais com os preços quando ia a restaurantes ou ao supermercado.

Além disso, ele estava se divertindo. "O interessante é que não estou fazendo isso por necessidade", comentou. "Estou fazendo isso porque quero maximizar meus rendimentos, e também porque gosto do desafio."

Para Jacob, o desafio de trabalhar em múltiplos empregos era mais uma qualidade do que um defeito. Ele compartilhava sua visão de que isso renderia uma ótima história para contar aos seus netos no futuro — momento em que, supostamente, teria dinheiro suficiente para se aposentar com estilo.

Capítulo Cinco

Jogar Videogames por US$800/Dia

CONCEITO: "jogar para ganhar" (play-to-earn) representa uma fascinante convergência entre o mundo dos jogos e das finanças. Essa abordagem mescla bolsas de valores com jogos online interativos, oferecendo missões desafiadoras, personagens colecionáveis e taxas astronômicas de juros sobre depósitos.

Quando estava no final da adolescência e início dos meus 20 e poucos anos, eu era muito dedicado a jogar videogames. Passava horas todas as noites (e, sendo honesto, às vezes durante o dia) aprimorando minhas habilidades em jogos como *Halo* e *Bomberman*.

Infelizmente, nunca surgiu a oportunidade de transformar meu talento de jogar em uma fonte de renda. Era apenas um hobby. Mais tarde, fiquei mais interessado em projetos empreendedores e parei de jogar por um longo período.

Anos depois, já estabelecido como escritor, eu citava com frequência minha experiência de jogos em palestras sobre geração de ideias para negócios. "Você não pode simplesmente 'seguir sua paixão' até o banco", eu dizia. "Se fosse assim, estaria ganhando a vida jogando videogames!"

Essa declaração teve boa aceitação em 2010. No entanto, nos anos seguintes, a ideia de ganhar a vida jogando videogames se tornou uma realidade.

Os e-sports foram os primeiros a surgir, desenvolvendo-se hoje em uma indústria de US$2 bilhões, impulsionada por jogadores renomados, patrocínios corporativos e transmissões globais que atraem centenas de milhares de espectadores. Pessoalmente, fico feliz por essa tendência ter surgido quando eu não jogava mais. Caso contrário, estou certo de que teria perdido anos tentando entrar na elite dos jogadores.

Naquela época, um jovem adulto na casa dos 20 anos que almejasse ficar rico como jogador profissional tinha as mesmas chances de sucesso que um jogador de basquete sonhando em jogar na NBA: ou seja, baixíssimas.

Então aconteceu algo que mudou tudo: os jogos "jogue para ganhar", também conhecidos como GameFi, em que os jogadores podem ganhar dinheiro real competindo em jogos em blockchain.

Neste cenário, não é necessário ser um jogador de elite, fechar um contrato de patrocínio ou praticar dez horas por dia para monetizar suas habilidades em jogos. Basta investir um pouco de dinheiro, fazer login algumas vezes por dia para completar algumas tarefas virtuais e ser remunerado — às vezes significativamente.

O que É Jogue para Ganhar?

Se já conhece os jogos "jogue para ganhar" (P2E), pode ter ouvido falar deles como "*pague* para ganhar", pois, geralmente, não há uma opção gratuita. É onde o ditado "É preciso dinheiro para ganhar dinheiro" certamente se aplica.

Para jogar, os jogadores costumam adquirir algum tipo de moeda virtual dentro do jogo, às vezes com personagens ou avatares. Em seguida, competem para adquirir ativos dentro do jogo, como tokens, badges, poderes especiais e até mesmo terras virtuais. Esses ganhos obtidos no jogo podem ser convertidos em dinheiro, como Bitcoin, ou até mesmo transferidos para uma conta bancária tradicional após alguma conversão adicional.

À primeira vista, o modelo "pague para ganhar" não é tão atrativo. Afinal, não seria contraproducente pagar por algo que supostamente deveria gerar lucro para você? No entanto, é importante lembrar que, diariamente, milhões de pessoas ficam felizes em pagar para jogar outros tipos de videogames sem obter lucro algum, muitas vezes gastando milhares de dólares em itens dentro do jogo que não têm qualquer valor ou utilidade fora dele.

Por exemplo, o *Fortnite*, um típico jogo multiplayer, considerado como o mais popular do mundo. Não raro, o jogo arrecada até meio bilhão de dólares *por mês* com os jogadores, mas a desenvolvedora Epic Games não compartilha esse dinheiro com eles. Se você já jogou títulos como *Fortnite*, *Diablo*, *World of Warcraft*, *Civilization* ou *Final Fantasy* (a lista não para por aí), imagine misturar essa experiência com o incentivo adicional de um retorno financeiro.

Ao pensar no mundo do "pague para ganhar" como um espaço em que os jogos encontram os mercados financeiros (por isso o nome *GameFi*, embora *jogue para ganhar* e *jogue e ganhe* sejam mais comuns atualmente), o modelo começa a fazer todo o sentido.

Nos títulos mais tradicionais, enquanto você investe dinheiro em troca das horas de diversão que terá jogando, no mundo do jogue para ganhar, é possível desfrutar da experiência, mas você também está investindo dinheiro que pode ser utilizado para gerar *mais* lucro, da mesma forma que faria ao investir no mercado de ações ou em algum ativo como ouro ou imóveis.

Além disso, em jogos como *Fortnite*, que operam em um ecossistema isolado e controlado pelos desenvolvedores, os tokens, badges e outros ativos digitais ganhos não têm valor fora do ambiente fechado do jogo. Já nos jogos "jogue para ganhar", que funcionam sem uma autoridade centralizada, os jogadores têm controle sobre os ativos, podendo transferi-los ou negociá-los fora do jogo conforme desejarem. Desse modo, o GameFi representa também um novo paradigma na economia de propriedade, possibilitando aos jogadores construir patrimônio com seus investimentos por meio de ativos do jogo.

É verdade que a maioria dos investimentos tradicionais não envolve pokémons sendo enviados para a batalha em busca de lucro, mas pense da seguinte forma: segundo estimativas gerais, enquanto cerca de 56% dos norte-americanos têm ações, apenas cerca de 10 a 15% têm investimentos em moedas digitais, como o Bitcoin. Por outro lado, *71%* jogam algum tipo de videogame. Isso sugere que o GameFi tem o potencial de alcançar um grupo muito maior de pessoas, além daqueles que já investem.

Ser pago para jogar videogames. Como você deve ter percebido, fui fisgado pela ideia.

O Jogo de Blockchain Bilionário Comandado por Personagens de Desenhos

A tendência do GameFi pode ser rastreada até um único jogo: *Axie Infinity.** Em seu auge, o Axie tinha em torno de dois milhões de jogadores ativos simultaneamente. Muitos deles estavam em países como Filipinas e Venezuela, onde poderiam

* Tecnicamente, tanto *Axie* quanto muitos outros jogos foram inspirados por um projeto anterior chamado *Cryptokitties*. No entanto, por mais que eu ame gatos, teremos que deixar essa história para outra ocasião.

ganhar mais jogando do que com as oportunidades de emprego disponíveis.

Eu mesmo não joguei *Axie*, mas achei fascinante que tantas pessoas (especialmente em países mais pobres) estivessem ganhando dinheiro real com o jogo.

Para começar, um jogador compraria vários "Axies", criaturas fofas semelhantes a pokémons, prontas para serem mobilizadas em batalhas contra outros jogadores, em conjuntos de três. Se sua equipe vencesse a batalha, você receberia um token (AXS) com valor monetário real, podendo ser sacado e trocado por dólares ou qualquer outra moeda.

Conforme o jogo ganhava popularidade, mais e mais pessoas investiam em Axies e no token subjacente. O preço do AXS disparou, tornando-se um dos melhores investimentos de 2020. Lá no início do Axie, um investimento de US$100 valeria US$17 mil um ano depois. Em comparação, um investimento de US$100 na Amazon, que teve um aumento de 70% no mesmo ano, valeria US$170. Investir em um videogame teria sido mais lucrativo.

Jogador Nº 1

Axie foi um sucesso estrondoso, mas apresentava um problema grave: a jogabilidade era ruim. Em outras palavras, *não* oferecia uma experiência de jogo verdadeira. Não havia estratégias para dominar ou quebra-cabeças para resolver. Uma vez que você enviava seus Axies para a batalha, não havia muito a fazer além de assistir aos personagens lutarem e aguardar o resultado. Além disso, devido a um período de espera obrigatório no jogo, era necessário aguardar ainda mais, antes de enviar Axies de volta para uma batalha.

Mesmo assim, foi um conceito inovador e pioneiro que abriu caminho para algo mais sofisticado.

Percebendo uma oportunidade, outras empresas desenvolvedoras de jogos, novos e já estabelecidos, rapidamente entraram em cena para criar as próprias plataformas de jogar para ganhar. Os riscos eram altos: o jogo ideal poderia atrair dezenas de milhões de dólares em investimentos em questão de dias. Até um jogo que não fosse lá essas coisas (e havia muitos deles) poderia ser lucrativo para os criadores. Em menos de seis meses, uma variedade abundante de jogos de estratégia, fantasia, coleção de cartas e outros gêneros surgiram.

Foi por volta dessa época que descobri o *DeFi Kingdoms*, um jogue para ganhar no clássico estilo RPG. Ao contrário do *Axie* (pelo menos no início, pois a empresa foi adicionando novos recursos com o passar do tempo), o *DeFi Kingdoms* oferecia uma experiência de jogo mais completa. Os personagens que adquiri, por exemplo, tinham dezenas de atributos únicos, todos com várias estatísticas para monitorar e modificar. Ao subir de nível, eu tinha a opção de maximizar as habilidades que quisesse.

Na pandemia, começei a jogar de novo; mas logo percebi que meu PlayStation estava acumulando poeira enquanto eu passava horas jogando *DeFi Kingdoms* em meu notebook. Isso me proporcionava uma sensação familiar de recompensas de dopamina, associadas às ações do jogo. Eu pescava e buscava por novos itens, explorava novas terras, subia o nível dos meus personagens — chamados *heróis* —, o que, por sua vez, os tornava mais poderosos para as batalhas.

A única diferença era que, após fazer um investimento inicial e aprender a jogabilidade, eu estava fazendo centenas de dólares por dia pelos meus esforços.

Foi bem interessante.

Em pouco tempo, o *DeFi Kingdoms* se transformou em um ecossistema com mais de 50 mil heróis, todos armazenados em carteiras de jogadores. Os heróis podiam ser enviados em missões, retornando com itens e estatísticas melhores, aumentando, assim, seu valor. Ou, os jogadores podiam tentar ganhar mais Jewel (a principal moeda do jogo), revendendo itens ou heróis para outros jogadores no marketplace do jogo.

Em outras palavras, os ganhos dos jogadores se originavam de duas fontes principais: primeiro, dos prêmios obtidos no jogo, e segundo, da pressão de compra de outros jogadores, que elevava o valor dos ativos à medida que eram negociados. O maior retorno de todos estava nos jardins do *DeFi Kingdoms*, onde era possível "stakear" seu Jewel com outra moeda do jogo e ganhar juros diários.

Quanto de juros? Quando comecei a jogar, a APR (taxa anual de juros) era superior a 600%. A renda poderia ser obtida ao depositar duas moedas em valores iguais: podia ser Jewel nativo ou outro token, como Bitcoin ou Ethereum. Esses dois tokens formavam então uma "pool de liquidez", oferencendo recompensas diárias em Jewel. Ou, caso preferisse, poderia pular o processo de emparelhamento de tokens e simplesmente manter seu Jewel no banco do jogo, onde renderia juros a uma taxa de "apenas" cerca de 250%.

Se esse modelo parece familiar, é porque é mais ou menos similar ao funcionamento dos bancos tradicionais. Você empresta dinheiro, geralmente na forma de um depósito, e obtém juros em troca. A única diferença é que os bancos atuais ofereciam algo em torno de apenas 1% de juros.

Naturalmente, fiquei intrigado. Havia apenas um problema: altas taxas de juros tendem a vir acompanhadas de altos riscos — como aprendi do jeito mais difícil mais tarde.

"Coisas de cripto"

Veja só que engraçado: após quatro meses de lançamento, o *DeFi Kingdoms* já acumulava mais de US$1 bilhão (isso mesmo) em depósitos totais, e ninguém conhecia os criadores do jogo. *Ninguém sabia quem estava por trás do projeto.*

Imagine uma startup de US$1 bilhão sendo gerida por executivos anônimos. Absurdo, certo? Mas é assim que muitos projetos funcionam em plataformas descentralizadas (ou seja, blockchain), incluindo jogos jogue para ganhar.

Como jogador (efetivamente, um acionista), você não tem ideia de quem são os desenvolvedores do jogo (os responsáveis), ou em que lugar estão. A maioria das equipes afirma ter controles de segurança implementados, mas você precisa confiar na palavra deles. Não há uma linha de atendimento ao cliente, nenhum suporte técnico para contatar, nenhum meio de relatar bugs ou falhas. Apenas um avatar anônimo que, no caso do *DeFi Kingdoms*, atendia pelo nome de Frisky Fox. Outros membros da equipe criativa — desenvolvedores, designers, e assim por diante — usavam apelidos como Beetle Dude, Pie Face, Professor Tango e Raspberry Swirl.

Por que essas pessoas não querem se identificar e receber crédito pelo jogo que criaram? "Coisas de cripto" foi a resposta evasiva que a maioria das pessoas me deu quando fiz essa pergunta. É verdade que muitas pessoas no mundo das criptomoedas preferem permanecer anônimas. O anonimato é central para a filosofia, já que as criptomoedas desenvolvidas para preservá-lo desde o início. Mas, considerando que há tanto dinheiro em jogo (sem contar os direitos de se gabar), para mim, isso ainda é tanto incomum.

ROTINA MATINAL DO AUTOR NO MODO JOGUE PARA GANHAR

No início da minha obsessão por DeFi Kingdoms, quando eu tinha apenas alguns heróis para jogar, eu conferia o jogo por alguns minutos todas as manhãs, mas não havia muito o que fazer.

À medida que minha coleção crescia e minha estratégia se expandia, comecei a me dedicar cada vez mais aos cuidados do meu reino virtual. Basicamente, era como administrar um negócio dinâmico e em rápido crescimento!

Ao gerenciar outros empreendimentos, minha lista de tarefas matinais incluía verificar relatórios de vendas, responder a comunicações urgentes e organizar o envio de produtos.

Na minha nova carreira como jogador semiprofissional, uma manhã típica começava com um tipo de trabalho bem diferente. Minha lista de tarefas era mais ou menos assim:

- Recolher os heróis do turno noturno.
- Enviar pescadores e coletores para trazer novos itens.
- Enviar equipes de mineração para buscar ouro.
- Aumentar o nível dos heróis que alcançaram XP (pontos de experiência) suficientes.
- Reivindicar recompensas (juros) dos jardins e do banco do jogo.
- Compensar ganhos e redepositá-los nos jardins.
- Listar heróis à venda na taverna (o marketplace do jogo).
- Conferir novas listagens interessantes de heróis.
- Verificar o Discord e o subreddit do jogo para conhecer novas funcionalidades ou atualizações.

Em resumo, cuidar de um reino virtual não é tarefa fácil. Não estou reclamando, pois na maioria das vezes, essa era uma atividade lucrativa e, acima de tudo, muito divertida.

Caranguejo Rico, Caranguejo Pobre

Explorar o *DeFi Kingdoms* logo me conduziu a outro jogo no estilo jogue para ganhar. Era um jogo que se passava em um mundo subaquático, com facções de caranguejos eremitas disputando o controle. Chamava-se *Crabada*, e meu interesse foi despertado pelo seu retorno sobre o investimento simplificado: comprar alguns caranguejos, mobilizá-los em batalhas ou envolvê-los em várias missões e tarefas, e ganhar tokens do jogo que poderiam ser convertidos em dólares.

Sim, agora eu estava investindo em caranguejos virtuais a preços que começavam em torno de US$500 e chegavam até milhares de dólares. Se todas as variáveis ficassem estáveis, eu recuperaria meu investimento em dois meses. O que poderia dar errado?

Spoiler: muita coisa poderia dar errado quando o mercado de caranguejos entrou em colapso. Mas retomaremos esse assunto mais tarde.

Na semana em que descobri o jogo, eu estava no Vietnã. Comecei com algumas equipes de caranguejos que trabalhavam como mineiros. Na prática, significava fazer login algumas vezes ao dia para completar algumas tarefas: enviar caranguejos para as minas, coletá-los ao retornarem e afastar outros jogadores que tentavam saquear as minas e roubar grande parte do meu lucro.

Como qualquer bom projeto GameFi, *Crabada* oferecia diversas maneiras de lucrar. Além de enviar caranguejos para as minas, como eu fazia, era possível alugá-los em uma taverna virtual, onde outros jogadores os contratariam como reforços para missões — considere-os mercenários do reino dos crustáceos.

Ou você poderia se tornar um criador: bastava comprar caranguejos “virgens” que nunca haviam sido criados, permitir que acasalassem, e então esperar cinco dias para que um ovo de caranguejo virtual eclodisse. Passado esse tempo, *voilà!* Você teria um novo caranguejo pronto para trabalhar.

Por fim, era possível se tornar um saqueador, um caminho mais lucrativo, ainda que mais demorado. Os saqueadores tinham a vantagem de atacar os mineiros a cada duas horas, enquanto os mineiros só podiam trabalhar a cada quatro. Embora não fosse *necessário* trabalhar doze turnos diários como saqueador, quanto mais tempo você investisse no jogo, maior seria o retorno financeiro, considerando a dinâmica econômica que recompensava os jogadores mais dedicados.

Após adquirir algumas equipes de mineração, decidi me aventurar em águas profundas. Explorei o marketplace online e adquiri um conjunto de caranguejos "virgens". Nas semanas seguintes, dediquei-me com zelo a criar uma nova linhagem de caranguejos: eu os colocava à venda no marketplace, reiniciando o ciclo com uma nova leva.

De repente, meu dia ficou consideravelmente mais ocupado. Além de gerenciar as equipes de caranguejos e mineração, *também* precisava coordenar grupos de heróis medievais e acompanhar os novos tópicos nos fóruns para aprimorar minhas estratégias. Tudo isso se somava às demais responsabilidades, como a escrita deste livro e a gravação do meu podcast, tornando a gestão do tempo um verdadeiro desafio.

Nova Meta: Jogar com o Dinheiro da Casa

E, afinal, isso foi lucrativo? Depende. Naquele ponto, já tinha expandido minha operação de caranguejos para sete equipes, cada uma gerando cerca de US$12 por turno de mineração. Considerando a eficiência máxima, e como as equipes podiam começar um turno a cada quatro horas, isso significaria um ganho de centenas de dólares por dia.* Além disso, dada a variedade de formas adicionais de aumentar minha renda no jogo, algumas manhãs eu retirava mais de US$800 em lucros acumulados do dia anterior. Era muito satisfatório.

No entanto, o mercado era extremamente volátil. A economia do jogo está atrelada às criptomoedas. Ou seja, quando essas moedas perdem valor, meus ativos também desvalorizam. E quando o Bitcoin caía, as "altcoins" menores

* Contanto que eu não dormisse mais do que quatro horas seguidas. Sempre que eu perdia um turno, minha renda diária diminuía. :(

utilizadas no jogo sofriam uma queda ainda maior. Em alguns dias, eu via o valor dos meus bens virtuais despencar de maneira desagradável. Foi então que percebi uma estratégia importante para o modelo jogar para ganhar: em vez de manter seus investimentos no longo prazo — o que costuma ser uma boa estratégia para ativos tradicionais como ações ou imóveis —, no mundo do GameFi, devemos tentar recuperar o investimento inicial (ou seja, "atingir o ROI") o mais rápido possível.

O principal objetivo era obter uma "receita positiva" — o ponto em que eu tivesse retirado lucro suficiente para recuperar meu investimento inicial. A partir daí, eu estaria jogando com o dinheiro da casa. Se meus mineradores continuassem a gerar renda, ótimo: eu poderia usar esse rendimento para financiar outros projetos, sem comprometer meu investimento inicial. E se o Bitcoin desvalorizasse demais, pelo menos, meu gasto inicial estaria protegido.

No entanto, retirar meus ganhos assim que atingia esse ponto exigia uma autodisciplina enorme. Assim como no mercado de ações, era difícil resistir à tentação de investir mais dinheiro em um ativo que supervalorizado. Caso ganhe US$10 mil em um mês, por que não arriscar ganhar US$20 mil no próximo? Bastava dobrar a aposta.

Aparentemente, é uma linha de raciocínio lógica. Mas qualquer investidor experiente dirá que o pior momento para entrar em um mercado é quando ele está em alta. A jogada mais inteligente é estabelecer limites e não se preocupar com "o dinheiro que você não está ganhando" — uma forma equivocada de pensar. Além do mais, como todas as moedas digitais estão sujeitas a grandes oscilações de valor, dobrar a aposta aumenta ainda mais os riscos.

Moral da história: quando o preço disparar, resista à tentação de apostar tudo. Ao contrário, retire seus lucros.

UM CARANGUEJO NA MÃO...

Retirar lucros regularmente é uma estratégia essencial que separa os profissionais dos amadores. Veja algumas dicas.

1. *Estabeleça limites de preço.* Se o token do seu jogo favorito custa US$4 e o valor sobe para US$12, será que você deve vender ou manter a esperança de que continuará subindo? É fácil se deixar levar pelo momento e pensar *Deixa rolar!*

Para evitar esse tipo de decisão emocionada, decida com antecedência em que ponto sacará seus lucros e comprometa-se com essa decisão.

2. *Faça retiradas incrementais.* Nos mercados financeiros tradicionais, reinvestir os juros ganhos pode aumentar os lucros. Mas lembre-se, em jogos, as moedas são mais voláteis do que a maioria das contas de poupança. Ou seja, é mais prudente retirar uma parte dos lucros uma vez por semana até recuperar seu investimento, no mínimo. Após fazer isso, você estará em melhores condições para assumir mais riscos, se desejar.
3. *Mantenha registros.* Leis fiscais para criptomoedas são complexas, especialmente quando você usa sua carteira em vez de uma exchange centralizada, como Coinbase ou Binance. No entanto, é necessário pagar impostos sobre esses lucros. Ou seja, mantenha registros das principais compras e retiradas. Quando começar a ganhar dinheiro real, procure um consultor fiscal sobre a melhor forma de realizar as distribuições.
4. *Considere isso como trabalho (ou, pelo menos, um de seus trabalhos).* Caso dependesse do jogo para se sustentar, teria um salário regular, receberia um pagamento semanal, independentemente da quantidade de trabalho produzido ou do tempo dedicado. Mas, no modelo jogar para ganhar, você é menos como um funcionário assalariado e mais como um vendedor pago por comissão. Embora o valor de cada venda possa variar, quanto mais tempo você dedicar, mais renda obterá.

Resumindo: pague-se! Se eu pudesse voltar no tempo, ao início da minha carreira como jogador remunerado, teria bolado um plano para ganhar dinheiro desde o começo.

Jogar para Ganhar: A Próxima Fronteira

O modelo jogar para ganhar se popularizou durante a pandemia, oferecendo uma forma lucrativa de entretenimento para as pessoas confinadas em casa. Embora a indústria tenha sofrido uma retração significativa com a queda das criptomoedas, novos jogos continuaram a ser lançados.

Em alguns casos, esses jogos ainda podem representar investimentos viáveis, embora sejam altamente voláteis. Para mitigar as críticas, alguns desenvolvedores começaram a adotar o termo *jogar e ganhar*, enfatizando um ethos de "jogo em primeiro lugar", em que o componente financeiro é secundário. Ao experimentar um desses jogos, chamado *Mars Colony*, me deparei com uma tela de boas-vindas com o seguinte aviso: "Este não é um produto financeiro."

Curiosamente, o jogo ainda exigia o investimento de dinheiro para participar. Afinal, estações de biocombustível e rovers planetários não são baratos!

Dicas para o Modelo Jogar para Ganhar

- **Entre no jogo relativamente cedo.** Sim, as pessoas que entram na fase inicial de um novo jogo podem se dar muito bem — desde que o jogo seja um sucesso. No entanto, as recompensas ainda serão altas, e o risco será muito menor se você entrar após algum embalo estabelecido, mas antes do jogo bombar. É por isso que "relativamente cedo" é positivo (*exploraremos esse conceito em outro capítulo*).

Muito cedo	Relativamente cedo	Muito tarde
"Nunca ouvi falar de nada parecido!"	"Preciso entrar nisso antes que bombe!"	"Todo mundo está falando sobre isso!"

- **Aprofunde-se.** Se quer levar o modelo jogar para ganhar a sério, esteja preparado para ler bastante em fóruns como Reddit, Discord e Medium. É necessário dominar habilidades. Quanto melhor você entender os **mecanismos** — as tarefas, opções e escolhas específicas disponíveis para os jogadores — será mais provável que identifique as estratégias melhores e mais lucrativas.

Se acredita que esses jogos são simplistas, reflita um pouco. Assim como xadrez ou pôquer, para dominar os melhores jogos modernos, à primeira vista fáceis de aprender, é necessário dezenas de horas de aprendizado. Os jogos de modelo jogar para ganhar não são diferentes. Por exemplo, durante quase um mês, li e explorei conteúdos, por pelo menos duas horas diárias, antes de compreender solidamente o *DeFi Kingdoms*.

- **Atente-se ao embalo.** Nem todos os jogos de modelo jogar para ganhar resistirão ao teste do tempo e, com cada vez mais jogos chegando ao mercado, é inevitável que um número crescente deles fracasse. Para se proteger contra perdas, esteja sempre atento a sinais de que um jogo pode estar perdendo o embalo.

Se um jogo passa muitos meses sem receber atualizações, isso pode indicar que os criadores estão se preparando para abandoná-lo. Uma base de usuários estagnada também é motivo de preocupação. É importante monitorar o número de usuários ativos e observar as tendências de crescimento. Em geral, ganhos consistentes e graduais são mais estáveis do que uma enxurrada de novos jogadores, embora o aumento repentino de usuários também possa influenciar os picos nos preços, conforme mais pessoas correm para comprar itens e personagens.

A maioria dos jogos desse modelo tem fortes efeitos de rede. Ou seja, seu valor aumenta à medida que mais pessoas o utilizam. Portanto, se você perceber uma diminuição no entusiasmo dos outros jogadores, não ignore. Confie em sua intuição quando ela lhe disser que pode ser hora de desistir.

- **Escolha um estilo.** A maioria dos jogos do modelo jogar para ganhar oferece várias maneiras de obter recompensas. Especializar-se em uma área, ou tentar um pouco de tudo? Abordagem certeira: começar ampliando seus horizontes sobre o jogo como um todo e, posteriormente, aprofundar-se e concentrar-se em algumas estratégias de sua preferência.
- **Não se esqueça da segurança básica na internet.** Nunca compartilhe sua senha de carteira ou frase de recuperação, *especialmente* com pessoas que afirmam estar oferecendo suporte técnico, pois isso geralmente é golpe. Evite clicar em links aleatórios, ainda mais aqueles que solicitam acesso à sua carteira online.

Ah, e mais uma coisa: esse tipo de jogo pode tomar conta da sua vida. Talvez você acabe se dando conta de que está levantando no meio da noite para enviar seus heróis em missões.

GLOSSÁRIO GAMEFI

Caso esteja interessado em jogar videogames para ganhar dinheiro, há muito a aprender, e isso começa com um vocabulário específico. (Nota: alguns desses termos se aplicam a outros projetos de criptomoeda, não apenas a jogos.)

Tokenomics: Refere-se a todos os elementos que determinam o valor de uma moeda digital, incluindo a distribuição dos tokens existentes e a previsão de criação de novos. Geralmente, é possível encontrar um white paper publicado com os detalhes de qualquer token. Se o conteúdo parecer complexo, é recomendável ler análises feitas por especialistas, pois eles costumam detalhar as partes mais relevantes.

Dias até o ROI: Indica o tempo necessário para tornar lucrativa uma estratégia específica, considerando as condições econômicas atuais do jogo.

Mint: Refere-se à venda de NFTs, tokens ou outros ativos limitados que têm utilidade dentro do jogo ou projeto. Antes que um ativo seja "cunhado" (minted), geralmente há um anúncio prévio e uma promoção do evento. Jogadores que participam desde cedo têm a oportunidade de se beneficiar com a valorização dos preços (embora os preços também possam cair se o mint não for bem-sucedido).

Whitelist: Alguns mints são restritos apenas a participantes que atendem a certos critérios, como a posse prévia de um NFT ou ter uma quantidade mínima de dinheiro no jogo. Os desenvolvedores mantêm o controle desses participantes "na whitelist", proporcionando-lhes acesso antecipado ou alguma outra vantagem no processo de compra.

Airdrop: É uma recompensa concedida a participantes que atendem a determinadas condições. As recompensas podem ser anunciadas com antecedência ou entregues como uma surpresa. Quando você recebe um airdrop, precisa "reivindicá-lo" para adicioná-lo à sua carteira.

Programa de bolsas de estudo: Como o próprio nome sugere, alguns jogos têm um programa que permite que jogadores com recursos limitados participem. Não se trata exatamente de dinheiro grátis; os jogadores do programa de bolsas de estudo alugam personagens de jogadores que investiram quantias maiores. Quando implementado corretamente, no entanto, pode ser uma situação vantajosa para ambos os grupos.

O que Pode Dar Errado?

Nem todos estão convencidos dos benefícios do jogar para ganhar. Alguns argumentam que é prejudicial para os jogos, para as finanças, além de ser excessivamente viciante.

Pessoalmente, eu não diria tanto. Mas as barreiras de entrada *de fato* são reais: para participar da maioria dos jogos, é necessário um investimento em centenas de dólares. Para competir de forma ativa, o custo é ainda mais elevado. E embora muitos consigam recuperar seus investimentos, nenhuma sequência de vitórias dura para sempre — pelo menos, sem enfrentar alguns desafios pelo caminho.

Desde o surgimento da plataforma original de jogar para ganhar, *Axie Infinity*, a maioria dos jogos se deparou com um problema comum: o modelo enfrenta dificuldades quando o número de novos jogadores não acompanha o crescimento inflacionário dos ativos do jogo. E ainda que a impressão fosse que os preços dos Axies sempre aumentariam, a tendência acabou se invertendo. Investir em Axies virou uma meme stock: uma ideia de alto risco com recompensa incerta.

Os jogadores adoram a capacidade de reprodução disponível na maioria desses jogos, permitindo-lhes acumular um vasto repertório de personagens para ganhar ou revender. No entanto, surge um dilema à medida que o número de personagens introduzidos no jogo aumenta: a oferta posteriormente supera a demanda, e os preços despencam. Essa "economia descontrolada" é impulsionada pela constante pressão dos jogadores para reproduzir mais, enquanto a economia do jogo se baseia nas taxas geradas pelas reproduções e vendas. A única maneira de se proteger é estar atento aos sinais de uma queda iminente e sair — rapidamente — antes que os estragos sejam grandes demais.

No auge, o token AXS da Axie era negociado a US$164. Um ano depois, estava em torno de US$38. Três meses depois, despencou para US$12.

Já mencionei que o *DeFi Kingdoms* contava com 50 mil personagens quando entrei no jogo. Em alguns meses, esse número mais do que dobrou, ultrapassando os 100 mil. No entanto, apesar do aumento na oferta, a ausência de novos jogadores suficientes para absorver esse crescimento resultou em uma queda nos preços. Ainda era possível lucrar com o jogo, mas não tanto quanto antes.

Dois fenômenos adicionais aceleraram o declínio de ambos os jogos, bem como de muitos outros parecidos: a espiral da morte e o dragão adormecido. A espiral da morte é exatamente o que parece: quando o preço de um ativo despenca, geralmente não se recupera. E como ninguém quer investir em um ativo em declínio, é mais provável que o preço continue caindo do que a tendência se reverta.

Se a reprodução inflacionária resulta em uma espiral da morte, esta por sua vez leva ao que é conhecido como dragão adormecido. Quando os preços começam a cair rapidamente, muitos jogadores entram em pânico e decidem vender seus ativos, enquanto outros optam por mantê-los. Depois de um certo ponto, eles pensam: *Bem, se eu vender agora, sairei no prejuízo, então vou esperar até que os preços se recuperem.*

Parece lógico. Mas o problema surge quando um grande número de jogadores decide reter seus ativos — seja na forma de personagens, tokens ou ambos. Isso resulta em uma pequena recuperação nos preços. É aí que o dragão adormecido desperta, os jogadores sacam os lucros, e outra onda de vendas em massa ocorre.

Às vezes, esse padrão é chamado de *ponzinomics*, referindo-se ao fato de que novos jogadores acabam adquirindo esses ativos, fornecendo liquidez para os jogadores que desejam sair com lucro enquanto isso ainda é possível. Quando estabelecida, é praticamente impossível escapar desse padrão.

Os fóruns frequentados pelos jogadores de *Axie* estão repletos de postagens de pessoas que desistiram do jogo após não conseguirem alcançar o sucesso esperado. “Não é divertido ficar clicando infinitamente em troco de centavos" é uma reclamação comum. Outra é que esses jogos são injustos, ou até mesmo manipulados.

Embora, como jogador experiente, entendesse as reclamações, algo me dizia que eles não enxergavam o cerne da questão. A verdade é que, como os clássicos dos videogames, jogos blockchain como o *DeFi Kingdoms* apresentavam uma complexidade que premiaria a sagacidade dos jogadores. A capacidade de pesquisar e adaptar-se rapidamente a mudanças dos mecanismos do jogo pode levar ao sucesso. E para mim, interessado em jogos e em empreendedorismo, a possibilidade de ser recompensado financeiramente por isso sempre foi o ponto principal.

Em geral, os críticos do modelo ignoram outro aspecto importante. O modelo jogar para ganhar é mais volátil do que o mercado de ações, mas o fato de que movimentos de preço em qualquer direção beneficiam algum grupo de acionistas é o mesmo. Ao contrário de ações ou outros ativos (inclusive criptomoedas), os ativos do jogo mantêm alguma utilidade e potencial de ganho, mesmo se os preços despencarem.

Um dia, acabei parando de ganhar centenas de dólares por dia com o *DeFi Kingdoms*. Contudo, mesmo após o valor do token despencar, meus heróis ainda conseguiam gerar de US$30 a US$50 diariamente com mineração. Embora não fossem tão lucrativos quanto antes, ainda representavam *alguma* fonte de renda. Eu poderia vendê-los e seguir em frente, ou simplesmente aguardar para ver se a situação melhorava.

Enquanto isso, quando o valor dos ativos do jogo cai, a barreira de entrada para novos jogadores também diminui. Isso não favorece os jogadores existentes, que investiram dinheiro no auge, mas é vantajoso para os novatos. Em vez de desembolsar milhares de dólares em um trio de caranguejos virtuais, por exemplo, eles podem adquiri-los por US$100 ou menos.

Quanto a mim, continuo jogando ativamente vários jogos do modelo jogar para ganhar diariamente. Infelizmente, perdi dinheiro no *Crabada*, após comprar no pico do mercado dos caranguejos. Já no *DeFi Kingdoms*, embora o preço do token tenha despencado, ainda consegui lucrar com o conjunto de sessenta heróis que havia adquirido.

No geral, me saí surpreendentemente bem, principalmente quando realoquei parte do meu tempo de pesca e mineração em meu reino medieval para coletar ovos em uma nova fazenda virtual de um jogo chamado *Chikn* (slogan: "todo mundo sabe que Chikn põe OVO$"). Essa empreitada gerou um retorno sobre o investimento de 300%, e meus frangos e galos virtuais continuam prosperando em sua fazenda virtual.

Por toda a vida sonhei em ser pago para jogar videogames. Pensei que havia perdido essa oportunidade, mas parece que não nasci cedo demais.

Capítulo Seis

A Revolução Será Transmitida ao Vivo

CONCEITO: transmitir conteúdos ao vivo e produzir vídeos sob demanda para seus seguidores pode ser um negócio excelente, gerando alcance e escala para criadores talentosos.

Jakey Boehm trabalha no turno da noite, mas tenta dormir durante esse período.

O australiano se define como um "sleepfluencer" (influenciador do sono), e ganha dinheiro transmitindo ao vivo suas tentativas de dormir ao longo da noite. *Tentativa* é a palavra chave-aqui, pois seu modelo de negócios se baseia em espectadores enviando presentes virtuais — comprados com dinheiro, é claro — que provocam todo tipo de interrupções ao seu sono.

Quer tocar uma buzina ou sirene bem alta no quarto dele? É simples: basta enviar um presente virtual e você ouvirá sua recompensa na transmissão em alguns segundos.

Envie mais presentes virtuais e é possível assistir ao Jakey tentando dormir em meio a luzes de discoteca, uma falsa invasão do FBI, músicas techno em alto volume, uma máquina de fazer bolhas, e até mesmo uma piñata inflável saltitante, que ele golpeia sem piedade ao ser acordado.

Sim, as pessoas pagam para ver isso. E sim, Boehm converte os presentes virtuais em dólares, que são depositados em sua conta bancária. O TikTok organiza o sistema de forma gamificada, disfarçando sua natureza transacional. Em vez de doar US$25 para manter a música techno tocando, você compra um item virtual chamado "I'm Very Rich". Esse token, então, vai para a carteira de Boehm, que pode trocá-lo por diamantes (outro item virtual) e depois sacar o dinheiro. Não é uma atitude pontual, quando ele está com pouco dinheiro. Boehm faz isso todos os dias. *É o seu trabalho.*

No começo, sua renda era esporádica; mas, conforme seu público foi crescendo, Boehm passou a ganhar US$1 mil por semana, depois US$5 mil, e assim por diante. Quando conversamos, ele já tinha angariado quase meio milhão de seguidores e ganho US$49 mil em um único mês.

Para quem acredita que interrupções de sono durante a noite são péssimas para ganhar a vida, considere o seguinte: se continuar nesse ritmo, Boehm ganhará cerca de US$600 mil por ano. Com esse salário, muitos de nós talvez estivessem dispostos a se organizar para tirar algumas sonecas diárias e compensar a falta de sono.*

Boehm não é o único sleepfluencer no TikTok, mas certamente é o único que levou isso a um nível tão bizarro. Outros estão mais interessados na parte que envolve o *sono* propriamente, transmitindo sua noite de descanso sem interrupções. Os espectadores ainda podem enviar presentes, mas o objetivo é promover um sono saudável, não interrompê-lo.

---

* Ou você pode encenar a coisa toda. Faça do turno da noite seu horário de trabalho, mesmo que você passe a noite inteira na cama, golpeando piñatas e ouvindo techno, sendo pago pelos seus seguidores. Então, durante o dia, você dorme no seu quarto de verdade, livre de luzes de discoteca e bolhas de sabão. É um jeito de levar a vida.

Os perfis sobre Boehm nas mídias sempre incluem algum profissional de saúde alertando sobre os "perigos" de seus hábitos noturnos. *Tsc, tsc.* Quem se importa? Ele tem 28 anos de idade e sabe que essa dinâmica não vai durar para sempre.

Quando de fato acabar, terá uma história incrível sobre como ganhou dezenas de milhares de dólares por semana deixando estranhos na internet atrapalharem seu sono.

Miss Excel, a Estrela TikToker das Planilhas

Quando os lockdowns começaram no início de 2020, pessoas no mundo todo de repente se viram com tempo livre. Para se manterem ocupadas — e talvez se distrair das realidades sombrias ao redor — muitas começaram novos hobbies: pães de fermentação natural, costura, quebra-cabeças, bichinhos de estimação etc.

Muitas outras passaram a usar o TikTok e a se filmarem. Para algumas, postar vídeos engraçados era apenas uma distração, enquanto, para outras, era uma maneira prática de compartilhar conhecimentos. Já algumas enxergaram um caminho inusitado para a riqueza e a fama.

Uma dessas últimas é Kat Norton, conhecida como Miss Excel, talvez a primeira "Influencer de Microsoft Office" verdadeira, por mais estranho que isso possa parecer. Quase todos os dias, ela posta um vídeo novo com dicas sobre o uso do Excel ou outros aplicativos de planilhas.

Esses vídeos têm, em média, 50 mil visualizações, mas os que viralizam chegam a ter oito vezes esse número. Quem diria que planilhas poderiam ser tão interessantes?

Veja alguns tópicos recentes de seus vídeos:

- "As linhas de grade estão te atrapalhando?"
- "Parem de usar tabelas dinâmicas!"

- "Esses dados estão uma bagunça."
- "Faça magia com Excel e teclas ALT."
- "Esse truque secreto de célula vai mudar sua vida."

Em muitos short videos, Norton não fala uma palavra sequer. Em vez disso, fica dançando na parte inferior da tela enquanto dicas de planilhas surgem e desaparecem na parte de cima. E é isso. Em um vídeo, Norton aparece fazendo a "Planilha Shuffle", uma dança que ela criou. Em outro, dança enquanto um tutorial sobre como separar o texto em colunas é exibido.

Por trás das danças da Miss Excel, há um modelo de negócios sofisticado. Em alguns vídeos, ela convida os espectadores a participarem de um treinamento gratuito, seguindo o formato tradicional de vendas por webinar: oferecer informações úteis, responder perguntas e, por fim, apresentar uma versão paga. A linha que separa entretenimento, educação e negócio é bastante tênue — e esse é exatamente o ponto.

Há muito tempo, escrevi sobre um homem na Índia que se denominava Mr. Spreadsheet. Quando o entrevistei, ele havia construído um negócio de estilo de vida bem-sucedido, ganhando um pouco mais de US$100 mil ao ano — uma renda considerável, especialmente na Índia — ao blogar suas dicas de Excel e vender modelos que ajudavam os usuários a economizar tempo no trabalho (mas sem danças).

Uma década depois, a Miss Excel estava atraindo um público exponencialmente maior e quebrando todos os recordes de receita anteriores na categoria "influencers de planilhas", que eu acabei de inventar. Enquanto escrevia este livro, a Miss Excel compartilhou uma postagem anunciando seu *primeiro dia* de US$100 mil em vendas.

Não estou brincando. Em um único dia, ela vendeu cursos online — que geralmente têm uma margem de lucro superior a 90% — o suficiente para atingir seis dígitos. Graças ao TikTok, seu projeto operava em uma escala de engajamento que simplesmente não era possível até pouco tempo.

Comparado ao YouTube, que também abriga muitos criadores e livestreamers, o TikTok é um paraíso para amadores. Historicamente, o YouTube recompensa criadores que investem tempo em vídeos detalhados e bem produzidos. Já o TikTok é diferente. Short videos, como os que a Miss Excel cria, não exigem muito tempo de produção; na verdade, muitos dos vídeos mais bem-sucedidos no TikTok são deliberadamente *simples*. Enquanto o YouTube valoriza a qualidade e a quantidade, o TikTok recompensa a excentricidade, a espontaneidade e a autenticidade.

Ao captar a atenção de tantos seguidores, Kat Norton alcançou algo notável: transformar planilhas do Excel em meme. Realmente, há público para tudo.

Youtuber LockpickingLawyer

Se o TikTok é uma terra de oportunidades para criadores amadores, o YouTube é o lugar certo para quem tem uma habilidade única que deseja monetizar. Em Damascus, Maryland, um YouTuber conhecido apenas como LockpickingLawyer [algo como AdvogadoArrombadorDeFechaduras] mantém um dos canais mais interessantes e inusitados que já vi. Consiste exclusivamente em short videos em que ele arromba todo tipo de fechaduras imagináveis e analisa os pontos fortes e fracos de vários dispositivos de segurança.

É isso mesmo — ele arromba fechaduras de todo tipo. Além disso, fala em um tom de voz monótono que é praticamente o oposto de algo dinâmico.* Nos vídeos, nunca vemos seu rosto; apenas suas mãos e diversas ferramentas de arrombamento ocupam o quadro.

* Digamos que o áudio isolado de seus vídeos pode ajudar alguém a pegar no sono.

Isso vai na contramão das convenções sobre criação de conteúdo (seja alegre, carismático, olhe diretamente para a câmera), mas funciona. Mais de 4 milhões de pessoas estão inscritas em seu canal. Os espectadores às vezes enviam desafios, como fechaduras supostamente invioláveis, fechaduras internacionais, fechaduras inteligentes com teclados acoplados, e até garrafas de uísque caras que exigem a solução de um enigma para serem abertas. O LockpickingLawyer consegue arrombar tudo, sem exceção, e rapidamente.

Atualmente, ele trabalha como consultor para a indústria de segurança e vende as próprias ferramentas de arrombamento para espectadores ansiosos por replicar seus experimentos.

Não tenho nenhum fascínio particular por esse universo, mas enquanto escrevia esta seção, visitei o canal dele e passei meia hora assistindo-o revelar as falhas de muitos dos principais modelos de cadeados para bicicletas. Uma vez que você começa a assistir, acaba ficando *preso* em seus vídeos.

O Universitário que Largou a Faculdade e Distribui Milhões

Pergunte a qualquer pessoa que usa o YouTube, especialmente homens com menos de 30 anos, e eles conhecerão Jimmy Donaldson, mais conhecido como MrBeast. Se a história desse rapaz fosse parte de um livro ou roteiro de filme, algum editor a cortaria por ser completamente implausível. Mas não se trata de um personagem fictício; ele é um jovem de 25 anos que abandonou a faculdade e vive em Greenville, na Carolina do Norte.

Donaldson começou com a façanha mais entediante possível: ele contou até 100 mil na frente da câmera. Isso levou 40 horas e foi condensado em um vídeo de 24 horas para o YouTube. A partir daí, ele transformou essa ideia bizarra em uma série. Ele passou pelo mesmo drive-thru mil vezes seguidas. Leu todas as palavras de um dicionário em voz alta. Tentou girar um spinner ininterruptamente por um dia inteiro.

A dedicação a tarefas absurdas que exigiam uma resistência sobre-humana foi responsável por grande parte da sua fama. E à medida que seus vídeos acumulavam visualizações, ele começou a atrair patrocínios lucrativos de diversas marcas.

Com o aumento de sua riqueza e fama, Donaldson viu a oportunidade para façanhas ainda mais ousadas — e dispendiosas. Abordava estranhos e entregava a eles US$10 mil em espécie. Dava gorjetas de milhares de dólares a garçonetes e motoristas de Uber. Vendeu sua mansão por um dólar. Muitas vezes, parecia não hesitar em distribuir enormes quantias de dinheiro — e provavelmente recuperá-lo rapidamente por meio de publicidade e vendas de produtos. Talvez a marca MrBeast tenha ajudado nesse sentido.

Grandes atos de generosidade aumentaram ainda mais sua fama. Enquanto escrevo este livro, Donaldson acumula mais de 100 milhões de seguidores no YouTube, o que o coloca entre os dez criadores mais seguidos na plataforma. Atualmente, mais de 60 pessoas trabalham para o império Beast, e em maio de 2022, Donaldson foi destaque na capa da *Rolling Stone* (claro, foi fotografado deitado em um mar de dinheiro).

Segundo a estimativa mais recente, ele ganha, pelo menos, US$3 milhões por mês com anúncios e parcerias. "É só saber fazer um vídeo viralizar, que você pode praticamente ganhar dinheiro infinito," disse ele em uma entrevista ao Bloomberg News.

Quando Donaldson alcançou a marca dos 100 milhões de inscritos, comprou uma ilha privada onde organizou um desafio complexo: os participantes precisavam acender um fogo com pedras antes de competirem entre si em um jogo inspirado na prova "Luz Vermelha, Luz Verde", da série *Round 6*.* E apesar de uma enxurrada de artigos negativos na mídia, seu público — e sua riqueza — continuaram

* Detalhe importante: em vez de serem assassinados, os perdedores na versão do MrBeast receberam um prêmio de US$3 mil.

crescendo. Até julho de 2022, seus vídeos, juntos, tinham somado mais de 25 bilhões de visualizações, inspirando uma nova geração de youtubers a distribuírem parte da renda angariada com seus vídeos.

Transmissões ao vivo podem ser efêmeras, "Hot Takes" podem ser eternos

Se pretende viralizar seus vídeos, há algo importante que precisa avaliar desde o início: você se identifica mais como streamer ou como criador de vídeos?

Parte da resposta está na plataforma escolhida. O Twitch é focado em streamings ao vivo. O YouTube oferece streamings e vídeos sob demanda, mas funcina melhor com os últimos. O mesmo se aplica ao TikTok e ao Instagram: ambos têm opções de streaming, mas tendem a favorecer vídeos que permanecem disponíveis.

No universo dos vídeos sob demanda, há uma clara distinção entre conteúdos bem produzidos e "hot takes", em que os criadores falam diretamente para a câmera de maneira mais informal e descontraída. Embora possam parecer completamente improvisados e espontâneos, esses vídeos são meticulosamente roteirizados e ensaiados para parecerem naturais. Editar e produzir vídeos é uma habilidade fácil de aprender, mas difícil de dominar. Idealmente, tudo deve parecer simples, ainda que, na realidade, cada minuto diante da câmera exija horas de preparação e trabalho.

Por outro lado, nas transmissões ao vivo não há segundas tomadas nem processo de edição — os espectadores assistem a algo acontecendo em tempo real.

Jakey Boehm, o sleepfluencer, é um exemplo de verdadeiro streamer. Já os vídeos da Miss Excel estão disponíveis sob demanda. Rebecca Rogers, a professora de estudos sociais mencionada no Capítulo 2, praticamente só faz "hot takes". Embora haja interseções entre esses estilos, a maioria dos criadores se especializa em um ou outro.

Para muitos criadores, os vídeos em si não são a principal fonte de receita. "Fiz um vídeo com 12 milhões de visualizações e ganhei US$300 ou US$400 com ele", disse Rogers.

No entanto, criadores com alguma fama podem ganhar muito mais com parcerias do que com pagamentos diretos por seus vídeos — assim como atletas profissionais cujos acordos promocionais superam em valor seus contratos.

Dito isso, ganhar dinheiro exige mais do que apenas atrair atenção. É por isso que, além de formar um público, streamers e criadores de conteúdos audiovisuais bem-sucedidos também precisam construir um *negócio*.

A Miss Excel, por exemplo, concentra seu material em cursos e os vende a preços premium. Jakey Boehm, por outro lado, incentiva seu público a comprar mais presentes. "Não me deixem dormir!", diz uma voz gerada por IA aos espectadores durante os intervalos em suas transmissões.

No YouTube, o LockpickingLawyer promove as próprias ferramentas e acessórios de forma sutil. Em vez de simplesmente mostrar as ferramentas que utiliza em cada vídeo, ele diz algo como: "Para isso, vou usar esta ferramenta que você pode comprar em covertinstruments.com". São menções frequentes o suficiente para permanecer na mente do espectador, mas não tão frequentes a ponto de se tornarem irritantes ou parecerem anúncios explícitos.

Depois que o modelo de negócios está estabelecido, os criadores ainda precisam focar em atrair mais espectadores. Afinal, quanto mais visualizações você tiver, mais poderá vender (ou, no caso de patrocínios de marcas, mais será pago para endossar produtos). Faça vídeos, aumente seu público, ganhe dinheiro — é assim que a lógica funciona.

"Se inscreva no canal!" (Dicas para YouTube, TikTok e mais)

Hoje em dia, se você perguntar às crianças o que querem ser quando crescer, a palavra influencer provavelmente aparecerá tanto quanto astronauta ou médico. Em uma pesquisa recente com crianças de 10 anos, "influencer" foi citado entre as dez profissões mais desejadas, com "DJ" e "rapper" ("jogador de beisebol" e "piloto de avião" ficaram de fora).

Mas quantas crianças conseguirão ganhar a vida com sua fama online? É verdade que plataformas como TikTok, Twitch e outras facilitaram e muito que qualquer pessoa ficasse, pelo menos, um pouco "famosa na internet". No entanto, há um limite para isso — e os patrocínios de marcas e dólares dos anunciantes com certeza não são infinitos.

O YouTube está repleto de vídeos sobre como ficar famoso no YouTube — geralmente, feitos por pessoas que supostamente decifraram o algoritmo (ou seja, seus vídeos são recomendados para muitas pessoas) e afirmam conhecer o segredo para isso. Entretanto, na maioria das vezes, seus conselhos são bastante genéricos: faça vídeos de alta qualidade, conecte-se com seu público, continue produzindo conteúdos. São bons conselhos, mas muitos criadores fazem tudo isso e ainda assim não alcançam o sucesso.

Assim como a maioria dos jogadores de basquete do ensino médio nunca chegará à NBA, a maioria dos criadores não ganhará milhões de dólares para abrir fechaduras ou ler dicionários em voz alta. Ainda assim, embora grande parte das pessoas não se torne influencers milionários, há espaço para todo tipo de novas ideias que ainda não existem. Se quiser aumentar suas chances de ser descoberto, as seguintes dicas podem ajudar:

1. **Seja inovador, de certa forma.** Observe criadores de conteúdo populares que você gosta e pense: *como*

posso fazer parecido, mas também diferente? Qualquer que seja a resposta, não precisa necessariamente agradar ao maior público possível. Como vimos, quanto mais estranho e específico, melhor; você não pode simplesmente fazer a mesma coisa que outra pessoa fez e esperar os mesmos resultados. O melhor é procurar entender por que a estratégia delas funcionou e, então, encontrar um toque único e propriamente seu.

2. **Entenda que alguns tópicos são mais lucrativos do que outros.** A Miss Excel se destaca porque seus cursos não são apenas divertidos; eles ensinam habilidades que ajudam a otimizar o trabalho e economizar tempo diariamente. Isso é valioso!

   Enquanto pesquisava sobre criadores de conteúdo, comecei a seguir um que aplicava um modelo semelhante ao da Miss Excel, mas seus vídeos eram sobre cuidados com plantas domésticas. Ele também tinha um grande público e vendia cursos todos os dias, mas em uma faixa de US$20 a US$40 cada, em vez de mais de US$200. Não me entenda mal — pessoas que querem aprender a não matar suas plantas domésticas estão dispostas a pagar por esse conhecimento. Isso só não é mais valorizado do que dicas de como economizar tempo de trabalho.

3. **Procure projetar sua personalidade tanto quanto (ou até mais que) seu conhecimento.** Personalidade e carisma são partes importantes, e muitas vezes subestimadas, do que atrai e mantém as pessoas engajadas com seu conteúdo. São qualidades um tanto subjetivas e difíceis de mensurar — "Você só precisa acertar a vibe", um criador me disse —, mas, seja qual for o fator X, ele realmente faz a diferença.

   Um amigo me enviou um link para um vídeo de Ryan Trahan, um jovem criador que realiza uma série de experimentos sociais. "Há algo de muito cativante nele", dizia. E havia, então continuei assistindo. Mas não é necessário desenvolver habilidades de atuação ou fingir ser algo que não se é. Com a avalanche de conteúdos disponíveis atualmente, uma personalidade única e autêntica pode ser o fator que diferencia você de outros criadores que fazem coisas igualmente legais e criativas.

4. **Planeje com antecedência.** Não sabe qual tema abordar no próximo vídeo? Faça um brainstorming e mantenha sempre uma lista de opções à mão.

   Lembre-se de que muitos dos vídeos mais populares podem *parecer* casuais e improvisados, mas, na verdade, exigiram planejamento e empenho. Por mais contraintuitivo que pareça, se você quer parecer espontâneo e natural, vale a pena planejar com antecedência.

5. **Seja consistente e siga um cronograma.** Criadores consistentes não só atraem mais fãs, mas também fãs *mais engajados* — aqueles que sempre voltam ao canal. Além de dedicados, são os seguidores mais atentos. Ou seja, faça questão de publicar regularmente, seja todos os dias, quinzenalmente ou em algum outro intervalo. Uma vez que as pessoas se acostumam ao seu ritmo de postagem, passam a esperá-lo. Portanto, se você não mantiver essa consistência, corre o risco de perder uma grande parte do seu público.

6. **Inclua uma "chamada à ação".** Há uma razão pela qual tantos criadores no YouTube dizem: "Se você gostou deste vídeo, dê um like... e não se esqueça de se inscrever no canal!" Quanto mais ações os espectadores realizam ao assistir a um vídeo (e quanto mais tempo assistem), mais o YouTube recompensará o criador por meio do algoritmo. Mesmo que possa parecer repetitivo, solicite essa interação duas vezes em cada vídeo — uma no início e outra no final.

7. **Continue produzindo conteúdo, e não apenas falando a respeito.** Em algum momento, muitos criadores acham que é uma boa ideia "ser meta" e começar a explicar como criam seus vídeos, direcionando essa mensagem aos seguidores que esperam, bem, *seguir* seus passos. Pode haver exceções, mas geralmente essa é uma atitude equivocada. Os melhores criadores focam aquilo que efetivamente os tornou populares. Alguns seguidores até podem querer saber dos bastidores, mas a maioria não quer. Continue produzindo conteúdo!

O Show Continua

Por que tantas pessoas se dispõem a assistir Jakey Boehm tentando dormir em meio a interrupções que elas mesmas pagam para acontecer? Embora possa parecer aleatório e até absurdo, acredito que haja uma explicação para o fenômeno.

Para Boehm e outros criadores, esse apelo se resume a uma combinação de três qualidades: entretenimento, educação e conexão pessoal.

As proporções entre esses componentes variam de criador para criador e são difíceis de quantificar, mas tenho certeza de que são elementos fundamentais. E para transformar isso em um negócio sustentável, é necessário também entregar algo de valor — além de encontrar formas criativas de manter um fluxo constante de conteúdos novos e divertidos, tudo enquanto se mantém fiel à sua marca.

Quando conversei pela última vez com Rebecca Rogers, seu podcast havia sido adquirido por uma grande produtora. Além disso, já tinha oito conferências educacionais marcadas nos próximos meses.

A Miss Excel havia recentemente comemorado seu segundo aniversário como criadora de conteúdos. Em um vídeo dos bastidores, compartilhou a imagem de seu antigo quarto, onde tudo começou. Em seguida, mostrou as chaves da sua casa dos sonhos, onde agora vive.

No YouTube, o LockpickingLawyer não parecia ter quaisquer dificuldades em encontrar novos tipos de fechaduras para destrancar, e cada vídeo postado era recebido com entusiasmo por seus seguidores. E, é claro, continuava promovendo sutilmente seu negócio, possibilitando a esses seguidores comprar novos kits de arrombamento de fechaduras.

Quanto a Jakey Boehm, o sleepfluencer australiano, ele continuava transmitindo ao vivo todas as noites, acrescentando novos fatores ao espetáculo, como um show de lasers e mugidos de vacas, todos disponíveis em troca de presentes virtuais.

Os seguidores dessas pessoas precisavam de conteúdos novos para consumir, e elas estavam mais do que satisfeitas em fornecê-los.

Capítulo Sete

Clique Aqui para Pintar uma Obra-prima

CONCEITO: atualmente, é possível criar obras de arte originais de todos os tipos e estilos em questão de segundos por meio de ferramentas de inteligência artificial. Além do mais, podemos usar essas ferramentas para escrever slogans publicitários, descrições de produtos, poesias e muito mais. Você é dono de tudo que cria, e há poucas restrições para vender essas obras.

A Feira Estadual do Colorado é realizada quase todo ano na cidade de Pueblo desde 1872, 4 anos antes de o Colorado se tornar o 38º estado norte-americano. As atrações mais populares incluem shows gratuitos, cachorros-quentes no palito, uma variedade de jogos de feira, além de diversas competições. Porém, por alguns dias em 2022, a grande novidade da Feira não tinha nada a ver com animais de fazenda ou rodas-gigantes, e sim com a competição anual de belas artes.

O vencedor, Jason Allen, apresentou uma obra intitulada *Théâtre D'opéra Spatial*. Era uma bela imagem que retratava mulheres vestidas com trajes da era renascentista encarando um orbe de luz futurístico.

A obra era uma imagem gerada por computador, comumente conhecida como arte de IA, e Allen a havia “pintado” digitando uma série de prompts em seu teclado.

O anúncio do prêmio e a revelação de que Allen havia usado IA gerou um debate acalorado. “Estamos assistindo à morte da arte acontecer bem diante de nossos olhos”, escreveu um comentarista. Muitos artistas compartilhavam dessa opinião.

Mas o que Allen fez de errado? Ele não estava tentando fazer a obra passar por algo que não era. Ele submeteu seu trabalho na categoria de arte digital, inclusive assinando “criado com Midjourney”, creditando o serviço de IA utilizado. Não foi uma pegadinha. No entanto, o fato de um algoritmo de IA ter produzido uma obra de arte superior (pelo menos, segundo os juízes) às de outros concorrentes humanos foi surpreendente.

Os Robôs ~~Estão Chegando~~ Já Estão Aqui

A inteligência artificial (IA) se refere à capacidade dos computadores de “pensarem” como humanos por meio do aprendizado de máquina. Essencialmente, os algoritmos de IA utilizam cálculos matemáticos complexos para reconhecer padrões a partir de conjuntos enormes de dados. Quanto mais dados a IA recebe, mais ela “aprende” a rotular, classificar e categorizar novos dados com acurácia. Digite os prompts certos e ela usará todos esses padrões para criar algo totalmente novo e diferente.

Essa tecnologia já é presente em nossas vidas, ainda que nem sempre percebamos. Por exemplo, A IA cruza dados sobre padrões de tráfego e inputs de câmeras, sensores e radares para operar os veículos autônomos da Tesla. A IA que anima assistentes digitais como Alexa e Siri usa dados de voz e pesquisa para responder perguntas e obedecer ordens. Um mecanismo de xadrez por IA consegue derrotar os melhores jogadores humanos do mundo quase 100% das vezes, pois aprendeu o movimento ideal em qualquer cenário com base em dados de bilhões de partidas de xadrez. Em outras palavras, a IA é um divisor de águas, e a cada dia que passa se torna mais sofisticada, amigável ao usuário e onipresente.

Como Criar Arte em Menos de 10 Minutos

Para entender como Jason Allen conseguiu essa façanha impressionante, me registrei no Midjourney — a ferramenta geradora que ele usou para ganhar o prêmio — e comecei a criar imagens. Naturalmente, comecei com gatos. Apresento a vocês a estreia mundial de uma das minhas primeiras obras:

Desenho a lápis de um gato tomando milkshake, c. 2022. Cortesia do artista

Para criar essa obra-prima, resolvi fazer oitenta horas de aulas de composição. Em seguida, visitei um café de gatos em busca de modelos e passei mais oitenta horas tentando fazer um gato posar até conseguir capturar seus traços. Brincadeirinha! Para criar essa imagem, simplesmente acessei o Midjourney e digitei a seguinte frase: *Faça um desenho a lápis de um gato tomando milkshake.*

Trinta segundos depois, o aplicativo gerou uma imagem muito semelhante à que você vê aqui. Pedi para ele criar algumas variações até encontrar uma que eu realmente gostasse. O processo inteiro levou cinco minutos.

Atualmente, diversas ferramentas populares (que provavelmente serão ainda mais populares quando você estiver lendo este livro) possibilitam que qualquer pessoa produza arte em qualquer estilo imaginável — desde ilustrações abstratas até pinturas fotorrealistas, aquarelas e muito mais — por apenas US$15 ao mês. Basta digitar uma série de palavras em uma interface e clicar em "Enviar". Segundos depois, três ou mais imagens aparecem na tela. A partir daí, é possível aplicar variações, como adicionar ou remover objetos, alterar proporções e cores etc.

Outra opção é fazer o upload de uma foto e pedir para o gerador de IA transformá-la em uma ilustração, avatar ou retrato. Graças aos "filtros de beleza" de IA, podemos até mesmo pedir para criar uma versão "melhorada" de uma foto original, talvez clareando a cor dos olhos, suavizando as rugas da pele, afinando a linha do maxilar e assim por diante. Quando estiver satisfeito, pode gerar suas versões favoritas em alta resolução.

O ponto principal é que essas ferramentas de IA não estão apenas perscrutando inúmeros bancos de dados e retornando com a melhor correspondência. O Google já faz isso — coisa do passado. A IA examina a própria biblioteca de dados e *gera cada imagem que você solicita de forma única*. Tudo o que você precisa fazer é sentar e deixar os robôs do futuro assumirem o controle.

Descobrir e brincar com essas ferramentas é como usar a internet pela primeira vez e ficar impressionado com a potência avassaladora da tecnologia. É fascinante, ainda que assustador.

Como se pode imaginar, muitos artistas detestam o fato de que qualquer pessoa com a capacidade de digitar possa criar uma quantidade ilimitada de artes geradas por IA que, por sua vez, são difíceis (quando não impossíveis) de distinguir de obras criadas por humanos. Tudo isso leva à inevitável pergunta: *Se é feito por um computador, é realmente arte?*

No mundo das artes, esta pergunta é objeto de polêmica, e o livro que você tem em mãos não se propõe a respondê-la. Este capítulo aborda como usar as ferramentas de IA para seu benefício.

QUEM É DONO DAS ARTES GERADAS POR IA?

Resposta rápida: provavelmente você é proprietário de tudo que cria, mas a situação é complexa. As empresas que desenvolvem ferramentas de IA mais comerciais se mostram favoráveis a isso (uma mudança positiva em relação às empresas de tecnologia que frequentemente impõem termos e condições agressivos sobre dados e propriedade intelectual, em seu favor).

No entanto, por anos, o Escritório de Direitos Autorais dos EUA (USCO) se recusou a reconhecer direitos autorais em obras geradas por IA, alegando "falta de autoria humana",* e empresas como a Getty Images alertaram seus colaboradores sobre o uso de artes geradas por IA.

A questão segue em aberto. Muitos especialistas acreditam que, em algum momento, a situação se voltará a favor dos criadores humanos. Enquanto isso, você sempre pode ajustar uma imagem gerada por IA usando o Photoshop ou outro software de edição, o que fortalece sua reivindicação de direitos autorais.

*https://www.smithsonianmag.com/=smart-news/us-copyright-office-rules-ai-art-cant-be-copyrighted-180979808.

Foi um Humano que Escreveu Este Livro?

A arte de IA não se limita apenas aos meios visuais. Podemos compor música eletrônica, gravar audiolivros narrados por "artistas da voz" e até mesmo escrever contos ou poemas no estilo de Emily Dickinson ou Edgar Allan Poe.

Na verdade, quando se trata de expressão artística, há muito pouco que a IA *não possa* fazer ou, pelo menos, que não será possível em breve. Há alguns anos, por exemplo, alguém criou uma versão de IA do Eminem e compôs uma canção feminista do artista. Outra pessoa utilizou IA para criar uma nova versão de *Hamilton*, que se assemelha muito àquela composta por Lin-Manuel Miranda.

E, é claro, existe uma categoria completamente diferente, mais bem descrita pela famosa Regra 34 da internet, que afirma que "se algo existe, há pornografia disso". É assunto para outro livro.

Enquanto eu explorava artes de IA, testei um gerador de texto que pode criar ensaios, artigos ou textos publicitários a partir de um prompt curto. Iniciei com uma frase, *Hoje fui à loja*, e adicionei as palavras-chave *bananas* e *cerveja*.

Então, observei as seguintes palavras aparecerem na tela, como se alguém as estivesse digitando (as palavras foram geradas originalmente em inglês, mas traduzidas para este livro):

> Hoje fui à loja para comprar algumas bananas. Comprei uma banana d'água, embrulhei-a em um saquinho de pão e voltei para casa para comê-la. A loja ficava aberta até um pouco mais tarde hoje, então achei que seria melhor ir lá logo. Então, comecei a pensar em uma cerveja gelada. Não seria bom tomar uma cervejinha logo depois?
>
> Claro que seria. Então, pensei cá com meus botões: Vou pegar essa banana (já embrulhada) e ir para a

> casa do meu amigo Otto. O Otto tem um bar que fica perto de onde moro. Vou comprar uma cerveja com ele e ficar lá até comer a última banana.

Se você não achou digno de um Prêmio Pulitzer, tem toda razão. Mas foi só a primeira tentativa. Se não se sentiu transportado para o bar do Otto, ou estranhou as bananas embrulhadas em um saco de pão, basta clicar em um ícone e tentar novamente.

Desta vez, usei o mesmo prompt, mas removi as palavras-chave. O que aconteceria se eu desse menos orientações?

> Hoje fui à loja. Não sei você, mas eu nunca consigo fazer uma lista de compras e segui-la à risca. Por isso, uso o seguinte método: primeiro, pego três ou quatro itens que sei que vou precisar. Ou seja, se preciso de ração para o meu gato, pego uma daquelas latinhas redondas.
>
> Então, anoto isso mentalmente. Pego as compras e coloco tudo no carro. Se precisar de papel higiênico ou papel toalha, pego dois pacotes de cada.
>
> Depois, tiro todos os itens não perecíveis da lista e passo para minha última escolha. Esse método geralmente me faz chegar no caixa com a quantidade exata de itens que eu tinha em mente.
>
> Tenho um pequeno problema com o mercadinho da cidade, mas estou tentando superá-lo (essa história fica para outro dia).

Novamente, nenhuma obra-prima. Anotação mental? O carro seria um carrinho de compras? E ainda por cima, o robô deixou a desejar no que se refere ao problema com o mercadinho da cidade.

Ainda assim, é impressionante que textos como esse possam ser gerados com alguns prompts. Assim como ocorre com as artes visuais, não são parágrafos que foram simplesmente extraídos de algum banco de dados. Eles são criados em tempo real. Usar o mesmo prompt gera resultados diferentes.

Apesar de ser fascinante testá-los, geradores de escrita de IA têm limitações claras. Por exemplo, não consegui fazer com que escrevessem este livro para mim (embora tenha tentado!). Gerar um trecho à la Shakespeare ou um poema que soe exatamente como Emily Dickinson é uma coisa, mas criar uma obra completa e coesa que mantenha o tema e o estilo por mais do que um ou dois parágrafos é outra.

Enquanto eu redigia este capítulo, o laboratório de pesquisa OpenAI anunciou uma nova versão de seu modelo language-learning model (LLM): uma iteração mais sofisticada do mesmo tipo de ferramenta que utilizei para gerar a história da ida ao mercadinho. Sim, estou falando do ChatGPT, o chatbot que conquistou a internet.

Decidi testar para ver se a versão do ChatGPT era tão superior assim. Digitei o seguinte prompt: “Escreva uma história curta sobre um bar com o nome de seu proprietário, Otto. Deve abranger cerveja e bananas e terminar com um moral da história”.

Como verá a seguir, o resultado correspondeu ao esperado, e nem sequer pareceu ter sido escrito por um robô, embora obviamente tenha sido.

É verdade que a moral da história foi simplista (“às vezes vale a pena ter a mente aberta”), e a narrativa não foi tão envolvente. Mas pode ter sido culpa minha. Talvez eu devesse ter acrescentado “drama envolvente” ao prompt de comando!

Ainda assim, como escritor profissional, de repente compreendi como pintores, fotógrafos e outros artistas visuais se sentem ao explorar a arte com IA. *Isso é incrível*, pensei. *E ao mesmo tempo, assustador.*

Bar do Otto, não escrito pelo autor

O Bar do Otto era um ponto de encontro movimentado na pequena cidade de Millville, famoso por suas bebidas baratas e ambiente descontraído. Otto, o proprietário, era um homem afável e jovial que adorava conversar com os clientes e servir uma boa cerveja gelada.

Numa noite quente de verão, um grupo de amigos parou no Bar do Otto para tomar algumas cervejas. Enquanto batiam papo e se divertiam, uma jovem entrou carregando um grande cacho de bananas.

"Posso ajudar você, moça?", perguntou Otto, curioso.

"Ouvi dizer que aqui tem a melhor cerveja da cidade", respondeu ela. "Pensei em trocar essas bananas por algumas garrafas."

Otto ficou um pouco surpreso, e ao mesmo tempo intrigado. Nunca tinha trocado cerveja por bananas antes.

"Bom, acho que posso te dar uma ou duas garrafas por essas bananas", disse Otto, rindo. "Mas devo avisar que minha cerveja vale mais do que um punhado de frutas."

A mulher sorriu. "Entendo, mas garanto que essas bananas são especiais. Foram cultivadas em uma pequena fazenda numa terra distante e, segundo dizem, possuem propriedades mágicas."

Otto ficou incrédulo, mas gostava de um desafio. Como não tinha nada a perder, concordou com a troca. Deu à mulher duas garrafas de sua melhor cerveja em troca das bananas.

Elas realmente eram especiais. Depois de dividirem apenas uma, de repente, o grupo de amigos no bar se sentiu mais energizado e alerta. Terminaram suas cervejas rapidamente e até jogaram algumas partidas de sinuca antes de irem para casa.

A moral da história é que às vezes vale a pena ter a mente aberta e arriscar algo diferente. Nunca se sabe quais oportunidades podem surgir pelo caminho.

Chega de Bots — Vamos Falar sobre Fazer Dinheiro

Angus Russell vivia em Sydney, Austrália, quando um amigo comentou sobre seu estilo minimalista de design de interiores, notando que suas paredes estavam praticamente vazias. Intrigado, Russell decidiu procurar por pinturas que pudessem decorar o ambiente, mas não encontrava nada acessível. Foi então que teve uma ideia: ele já tinha ouvido falar sobre arte gerada por inteligência artificial, uma tecnologia ainda incipiente na época, e pensou em usá-la para criar as *próprias* obras de arte personalizadas. Quando descobriu que era possível, indagou se outras pessoas também se interessariam pela ideia.

Em novembro de 2019, Russell lançou o NightCafe Studio em um post no Reddit. Inspirado na obra de Vincent van Gogh, o NightCafe Creator, usando por IA, permite aos usuários criarem as próprias artes digitais e encomendá-las imediatamente na forma de pôsteres.

Desde sua criação, o site gerou mais de 5 milhões de obras de arte únicas, empregando cinco pessoas em tempo integral e gerando mais de US$1 milhão por ano em receita recorrente. Embora muitos usem o NightCafe para decorar as paredes de casas e escritórios, a plataforma também possibilita criar e vender artes, tornando tudo mais lucrativo.

Empresas de impressão sob demanda (POD) permitem que qualquer um crie uma loja virtual em que os clientes podem navegar, vislumbrar como uma obra de arte ficaria em uma variedade de materiais e comprá-la. Indo além dos pôsteres, possibilitam a impressão de artes personalizadas em camisetas, almofadas, sutiãs esportivos, calças de yoga, mouse pads, puffes, quebra-cabeças e bonés, por exemplo.

Empresas de POD mais populares, como Printful e Printly, também oferecem integrações com Shopify, WordPress e outras plataformas de e-commerce para facilitar a criação de uma loja online em poucos instantes. Você só precisa de compradores, e as plataformas de e-commerce frequentemente se integram a redes sociais, como Instagram e TikTok, facilitando tudo. Basta compartilhar seus designs e direcionar seguidores para a sua loja!

A arte de IA é um exemplo claro de como a tecnologia tem viabilizado o microempreendedorismo nos últimos anos. Recentemente, escrevi sobre como fotógrafos amadores podiam ganhar dinheiro criando bibliotecas de fotografias de stock e vendendo-as. O processo exigia apenas que eles saíssem para fotografar e editassem cada imagem individualmente antes de publicá-las.

Atualmente, no entanto, tudo isso é mais simples, rápido e, em alguns aspectos, estranho. Em vez de sair em busca da foto perfeita, qualquer pessoa pode simplesmente digitar algumas palavras-chave do conforto de seu lar e obter resultados impressionantes. Como um artista digital no YouTube disse: “Eu costumava passar horas criando elementos gráficos. Agora, isso leva poucos minutos, e eles ficam tão bons quanto antes.”

Quantas obras de arte são geradas por IA hoje em dia? É difícil dizer, mas uma coisa é certa: podemos esperar um crescimento exponencial dessa tecnologia e de suas aplicações no futuro.

Em breve, veremos podcasts escritos e narrados por IA, músicas produzidas e *performadas* por IA, e até mesmo obras completas de ficção e poesia escritas por IA. Artistas visuais poderão construir carreiras baseadas em artes geradas por IA. Alguns divulgarão seus processos, outros não, e escândalos surgirão quando esses artistas forem descobertos.

Uma coisa é certa: esta revolução será impulsionada pela digitalização algorítmica.

HISTÓRIA EM QUADRINHOS EM UM DIA

Em um vídeo tutorial de vinte minutos, um artista conhecido como PhilFTW mostrou como usar arte gerada por IA para criar uma história em quadrinhos completa em menos de um dia. Parece incrível, mas é verdade.

O nome verdadeiro do artista é Alex Colvin. Ele passou vinte anos trabalhando com publicidade corporativa antes de deixar o ramo para fazer parte de um estúdio de jogos indie. Quando começou a experimentar quadrinhos gerados por IA, fazia isso pela arte, não pelo dinheiro. Mas logo, Colvin percebeu que poderia estar descobrindo algo importante. Ele publicou seus dois primeiros quadrinhos na plataforma Kindle Direct Publishing da Amazon e, em seguida, se preparou para criar uma antologia inteira. Em um e-mail, ele descreveu a mudança como algo que devia ter acontecido há muito tempo: "Eu trabalho mais e ganho menos hoje em dia, mas nunca me sinto mal no fim do expediente."*

Depois de explorar o Midjourney e algumas outras ferramentas, ele teve uma ideia: será que conseguiria criar o próprio quadrinho inteiramente com IA?

Melhor ainda: além de poder mostrar às pessoas como fazer quadrinhos originais, ele prometeu ensinar como fazer tudo em

* Ele também disse: "Gostaria de ter descoberto isso uma década antes, mas me sinto afortunado por estar vivendo esse sonho aos 42 anos. Muitas pessoas não sabem que têm essa opção."

apenas um dia. O passo a passo leva algumas horas para ser executado corretamente, mas, ainda assim, a velocidade e a qualidade dessas ferramentas são impressionantes.

Caso queira tentar, siga os passos:

1. Use um gerador de arte por IA para criar uma série ampla de imagens relacionadas. Você quer uma variedade grande, mas também que elas façam sentido ao lado umas das outras (com o tempo, você melhora nesse quesito).
2. Use um gerador de texto por IA para criar a "história" do quadrinho. Assim como nas artes visuais, conseguir o texto perfeito requer paciência e repetição. Você provavelmente obterá muitas palavras descartáveis por parágrafo. Descarte o que não precisa e mantenha o restante.
3. Edite e divida a história em pequenos segmentos textuais, cada um com ideias ou linhas de diálogo únicas. Eles serão usados como legendas para acompanhar as imagens.
4. Usando o Photoshop ou outro software de design, disponha as imagens e textos em cada página. Para seu primeiro quadrinho, algo entre oito e doze páginas é ideal.
5. Crie e adicione uma capa ao seu layout (utilizando arte de IA, é claro!).
6. Não há um passo 6 — você acabou de criar uma história em quadrinhos! O que vem a seguir depende inteiramente de você.

Como Pintar Falsos Picassos

Existem várias maneiras de criar arte com IA, mas todas exigem um gerador de arte por IA. Felizmente, a maioria é gratuita ou de baixo custo. Com minha assinatura "pro" de US$30 por mês no Midjourney, posso criar um número ilimitado de gatos tomando milkshakes — ou qualquer outra coisa, basicamente. Alguns aplicativos são completamente gratuitos, embora geralmente tenham recursos mais limitados ou exijam mais conhecimentos de programação do que os pagos.

Segundo um tutorial online, existem quatro estágios para aprender a usar essas ferramentas. No nível 1, você começa a experimentar. É nele que você exclama: "Meu Deus, eu acabei de digitar uma frase e criar uma imagem incrível!"

Eu me identifiquei imediatamente com essa descrição.

No nível 2, você percebe que fazer uma ferramenta online replicar o que passa pela sua cabeça é muito mais difícil do que parece. Por fim, nos níveis 3 e 4, você se torna cada vez mais habilidoso em traduzir essas imagens iniciais e aprimorá-las com cada vez mais detalhes.

Veja algumas dicas para chegar lá.

Melhore seus prompts. Usar e manipular ferramentas de arte por IA é uma habilidade que envolve elementos de programação, design e fotografia. Embora não sejam complicadas de usar, um pouco de conhecimento faz muita diferença. Uma maneira de se aprimorar na geração de imagens é estudar os prompts mais usados em comunidades do Discord ou em páginas de "destaque". Testes esses prompts, adicionando ou tirando frases. Quanto mais praticar, mais fácil será criar prompts originais.

Geralmente, os prompts seguem uma estrutura intuitiva: começam com o assunto desejado, seguidos por parâmetros ou detalhes adicionais, e terminam com especificações de fotografia ou ilustração (como estilos preferidos) e proporção (altura e largura). Por exemplo, para criar o retrato de uma paisagem, você digitaria algo como:

> paisagem, templo ao fundo, 16:9

Essa é uma versão simplificada. Para obter resultados melhores, forneça mais detalhes:

> paisagem birmanesa ao pôr do sol no estilo de Ansel Adams, templo ao fundo, majestoso, detalhado, muita luz, 4k, 16:9

Há muitos vídeos e tutoriais online que explicam esse processo detalhadamente. Embora eu nunca vá alcançar o nível daqueles que conseguem criar personagens de anime realistas com poucas palavras, consegui aprimorar minhas habilidades básicas com apenas algumas horas de prática.

Crie um estilo próprio. Ferramentas de IA são excelentes para replicar o estilo de artistas famosos. Entretanto, como qualquer pessoa pode usá-las para criar pinturas que lembrem Picasso, se você quiser que seu trabalho se destaque, precisará de um estilo próprio. Preste atenção, porque é aqui que entra a verdadeira expertise. Especializar-se em certos temas ou tipos de imagens irá diferenciá-lo dos amadores — o que pode ser útil ao vender sua arte por impressão sob demanda.

Faça muitas variações. Depois de adquirir prática, comece a criar variações de uma mesma ideia.

Habilidades tradicionais de edição de fotos podem ser extremamente úteis aqui; afinal, embora artes geradas por IA possam ser impressionantes, nem sempre correspondem à sua intenção. Portanto, se puder ajustar suas criações — adicionando textos, cortando partes ou mesclando imagens —, é muito provável que se tornem mais atraentes para potenciais compradores. O que nos leva a...

Como Vender Suas Obras-primas

Crie uma loja online. Angus Russell se destacou com o NightCafe por ser um dos primeiros a permitir que os usuários não apenas gerassem imagens, mas também imprimissem réplicas físicas para pendurar em suas paredes. Foi uma jogada inteligente — mas agora que o mercado cresceu, você será mais bem-sucedido se focar um nicho específico.

Plataformas como Shopify e outras soluções de comércio integradas viabilizam a configuração de sua loja, incluindo seu domínio personalizado e logotipo. Geralmente, basta criar uma conta em uma dessas plataformas e a integrá-la com uma empresa especializada em impressão sob demanda. Caso tenha experiência em configurar blogs ou sites básicos, pode estar funcional e operante em poucas horas. Se nunca fez nada parecido, pode levar um pouco mais de tempo.

Para uma configuração ainda mais simples, você pode se registrar em uma empresa como a Redbubble, que oferece uma solução completa, embora com menos opções de personalização. Pode ser uma boa opção inicial de teste.

"Represente" seu trabalho. Se estiver comercializando versões físicas de sua arte digital, consiga fotos de alta qualidade delas em ambientes agradáveis, como uma casa ou escritório. Embora a maioria das plataformas inclua automaticamente imagens mostrando como sua arte ficaria na parede de alguém, sua loja parecerá mais profissional se você for um pouco além. Peça amostras emolduradas de alguns dos seus melhores trabalhos e tire fotos bonitas delas penduradas em sua casa ou escritório. Se necessário, peça ajuda a um amigo ou amiga especializado para montar a cenografia.

Crie um perfil no Instagram e comece a postar fotos. Depois de estabelecer uma loja, você precisará de compradores. E o Instagram, apesar das limitações, é ideal para esse tipo de negócio. Crie um novo perfil dedicado exclusivamente à sua arte. Siga as regras clássicas de gestão de redes sociais: poste diariamente, use hashtags relevantes, siga e curta postagens de líderes do setor e interaja com seus seguidores.

Inclua um link para a loja em seu perfil e deixe claro em todas as postagens que os seguidores podem comprar versões impressas de qualquer coisa que desejarem. Você também pode vender suas obras na Amazon ou Etsy, ou configurar várias lojas com identidades distintas em cada uma dessas plataformas. Um artista no YouTube afirma ganhar US$5 mil por mês vendendo suas criações de IA dessa maneira. Os aplicativos de impressão sob demanda parecem feitos para isso, e muitos deles oferecem a capacidade de administrar "até dez lojas" de nível profissional.

Por mais potente que a IA seja, a criação consistente e de alta qualidade de obras de arte por meio dela requer esforço. Embora tenha me divertido aprendendo a escrever prompts de comandos adequados, reconheço que minhas habilidades não seriam suficientes para vencer competições de arte sofisticada. A maior parte das minhas tentativas de representar gatos ninja no Japão feudal, por exemplo, não deu muito certo. Também adorei minha breve incursão como escritor de contos, mas reconheço que as histórias geradas por IA não se destacariam em prêmios literários — pelo menos, não por enquanto.

Ainda assim, as ferramentas de IA podem ser empregadas para acelerar processos existentes, possibilitando que artistas, escritores e outros criadores economizem tempo enquanto aprimoram suas habilidades; para expandir significativamente o volume e a diversidade dos produtos digitais que criam e comercializam; ou para delegar partes monótonas e repetitivas do processo artístico, desse modo, os humanos ficam livres para concentrarem sua energia no aspecto criativo.

Por mais que a singularidade (ponto em que a inteligência artificial supera a inteligência humana e começa a controlar tudo) ainda não seja um paradigma atual, a IA *continua* se fortalecendo constantemente. Todas essas ferramentas podem ser utilizadas para fins de entretenimento (gatos tomando milkshakes, contos sobre idas ao mercado), bem como lucrativos (vender obras inspiradas em Picasso), ou ambos.

Computadores e humanos continuarão coexistindo para sempre. Só não pense que você sempre conseguirá perceber a diferença entre uma obra criada por IA e uma criada por um humano.

Capítulo Oito
A IPO Humana

CONCEITO: precisa de financiamento para uma ideia de negócio? Agora é possível consegui-lo diretamente com os investidores, sem nenhum intermediário. Além disso, você pode se tornar gestor do seu próprio fundo, conduzindo uma operação análoga ao programa *Shark Tank*, utilizando o dinheiro de terceiros.

Na primavera de 2020, Alex Masmej estava falido. Ele vivia em Paris, mas queria se mudar para São Francisco — cidade que não é exatamente conhecida por um custo de vida acessível. Ele poderia ter arranjado um emprego no Starbucks, pego alguns freelas ou passado seus fins de semana como motorista de Uber, mas levaria muitos meses para juntar o dinheiro necessário. Em vez disso, Alex lançou o que chamou de "IPO humana" para financiar sua mudança, criando um token digital ($ALEX) e comunicando em suas redes que precisava de US$20 mil em troca de 10% de sua renda gerada nos 3 anos subsequentes.

Apesar de ter conseguido o dinheiro, Alex obteve algo ainda mais valioso. Sua ideia era tão inovadora e genial que atraiu a atenção de muitas das pessoas que esperava encontrar em São Francisco — e que eram a razão principal de sua mudança —, resultando em várias oportunidades. Só uma parte do plano saiu diferente do esperado: Alex inicialmente buscava emprego em uma startup. No entanto, acabou fundando a própria empresa.

Venda Seu Futuro

Antigamente, se você tinha um pitch deck com 30 slides que detalhava e organizava bem sua ideia para construir, monetizar e expandir um negócio, poderia atrair o financiamento de bancos e empresas de capital de risco em troca de participação ou lucros futuros.

Hoje, por outro lado, grupos de microinvestidores oferecem injeções de capital para indivíduos que têm apenas um esboço de um plano empresarial. Às vezes, a *ideia* ou o talento e carisma de alguém vislumbrando um futuro promissor e cheio de ideias inovadoras é suficiente.

Resumindo, nunca foi tão fácil atrair investidores. O segredo não está em encontrar uma ideia atraente para o futuro, mas em identificar quem deseja investir imediatamente em seu *potencial*.

A ideia de uma "IPO humana" pode parecer estranha. Será mesmo? Afinal, a maioria das formas de investimento envolve comprar uma parte dos lucros futuros de uma empresa — então, por que não haveria investidores interessados em comprar parte dos lucros futuros de uma *pessoa*?

Jason Zook, pago para usar camisetas diferentes todos os dias por quatro anos, encontrou uma forma única de monetizar sua influência. Após desenvolver cursos online e programas de coaching, ele ofereceu acesso a todos os seus *futuros projetos* por US$1 mil cada. Apropriadamente, chamou a iniciativa de "Buy My Future" ["Compre Meu Futuro"] e arrecadou US$178 mil de início. Após dois anos, repetiu o sucesso com a "Buy Our

Future" ["Compre Nosso Futuro"] com sua esposa, gerando mais US$300 mil.

Uma Breve História do Investimento Empresarial

Se acompanhou o boom das startups em lugares como o Vale do Silício, pode até achar que dinheiro cai do céu ou vem de duendes que trabalham para o governo, imprimindo o quanto de dinheiro quiserem.

Mas, em termos históricos, novos negócios eram financiados por grupos de investidores. Desde o século XVIII, os investidores financiavam empreitadas arriscadas, como as expedições de navios baleeiros nas águas árticas, em troca de grandes lucros, apesar do risco de perdas totais — os navios podiam se perder no mar, por exemplo, literalmente afundando todo o capital investido. No entanto, os investidores logo perceberam que poderiam minimizar os riscos ao diversificar seus investimentos, financiando múltiplos navios, capitães e viagens.

Os principais financiadores eram cartéis como a Companhia das Índias Orientais, poderosas organizações quase governamentais que financiavam desde o colonialismo até expedições baleeiras. Em determinado momento, esses cartéis se tornaram tão influentes que podiam ditar os termos dos acordos, enriquecendo rapidamente enquanto passavam por cima de qualquer um que ficasse em seu caminho.*

Foi uma injustiça em todos os aspectos, capaz de transformar qualquer empresário comum em um adepto das ideias de

* Incluindo a maior parte da Índia e do Paquistão, partes da China e várias ilhas da Indonésia.

Karl Marx, que denunciou a história corrupta da Companhia das Índias Orientais em seus artigos regulares de jornal.

Com o tempo, os cartéis financiados pelo governo evoluíram para bancos e outras instituições financeiras. Durante um ou dois séculos, quem precisava de capital recorria aos bancos como se estivesse suplicando um favor.

Às vésperas do boom inicial das pontocom, houve uma mudança no equilíbrio de poder à medida que os capitalistas de risco começaram a impulsionar o mundo das startups. Em vez de notas promissórias com juros, os investidores passaram a trocar seu capital por participações diretas nas empresas, aproveitando os benefícios da globalização e da tecnologia, que reduziram significativamente os custos iniciais dos negócios.

Com o advento da era Web2, surgiram plataformas que prometiam facilitar o investimento direto. Um exemplo notável é a Kiva, fundada em 2005 para apoiar "microsubvenções" a indivíduos em países em desenvolvimento. Graças a uma rede de organizações locais parceiras da Kiva, qualquer pessoa poderia acessar milhares de projetos empreendedores online e emprestar até US$50 mil para um projeto, sendo que a maioria dos fundos era posteriormente reembolsada.*

Já entre 2007 e 2010, o financiamento coletivo (crowdfunding) ganhou impulso com o lançamento de três importantes plataformas. O Kickstarter, focado em projetos criativos; o Indiegogo, inicialmente voltado para filmes independentes e posteriormente contemplando diversos tipos de projetos; e o GoFundMe, que permite investimentos em uma ampla gama de causas e projetos.

Com essas plataformas, investidores comuns podiam contribuir com quantias pequenas, como US$10, para ajudar a

* Mais de 2 milhões de credores usaram o Kiva, cuja taxa de reembolso é de 96%.

alcançar as metas de arrecadação de projetos específicos, recebendo em troca recompensas como produtos ou serviços, caso as metas fossem atingidas.

O Patreon surgiu alguns anos depois, oferecendo uma plataforma onde fãs poderiam apoiar financeiramente artistas e músicos por meio de doações *recorrentes*, proporcionando uma fonte de renda estável e possibilitando que sustentassem suas carreiras.

Por mais que transformem as vidas de seus usuários, casa uma dessas plataformas tinham nichos específicos: o Kiva conectava credores a micromutuários em países em desenvolvimento, o Kickstarter focava *projetos* voltados para itens físicos como jogos de tabuleiro e gadgets, enquanto a maioria das campanhas bem-sucedidas do Patreon beneficiava artistas, escritores e músicos. No entanto, nenhuma delas era exatamente adequada para todos os tipos de projetos.

Para projetos de maior escala, em vez de recorrer ao crowdfunding, muitos optavam pelo modelo de "lean startup", buscando capital de risco, embora frequentemente precisassem de intermediários para orientar o processo. Como é típico em uma economia capitalista, este modelo funcionava bem para alguns e não para outros.

Ao contrário do que é retratado em programas de TV populares como *Shark Tank*, em que fundadores competem pelo investimento de empresários ricos, esse sistema raramente é transparente. Mesmo que o *Shark Tank* seja divertido e até inspirador, é importante notar que todas as partes estão ali pela publicidade. A maioria dos acordos fechados no programa nunca chega a ser finalizada. Isso ocorre porque o programa enfatiza mais a exposição midiática do que a realização efetiva de financiamentos.

Uma amiga que participou do *Dragons' Den*, a versão canadense do *Shark Tank*, revelou que não buscava financiamento, e sim visibilidade para sua marca de chá, já que o programa tem milhões de espectadores, destacando ainda mais as limitações desses modelos existentes.

Pagamentos Peer-to-Peer: O Novo Normal

O aumento significativo na captação de recursos privados se deve, em parte, à drástica transformação no paradigma das transações financeiras. Pagamentos peer-to-peer por meio de aplicativos como Venmo, Zelle e Cash App se tornaram o padrão para muitos jovens, eliminando intermediários, como bancos e empresas de cartão de crédito. São métodos mais rápidos, simples e *menos centralizados* do que nunca.

A pandemia foi um dos fatores responsáveis por acelerar essa tendência, impulsionando o aumento das compras online e pagamentos *contactless*, e levando mais pessoas a adotarem métodos de pagamento digital. No entanto, essa mudança já estava em curso.

Hoje, praticamente todos aceitam pagamentos peer-to-peer, e muitos até preferem esse método. Desde terapeutas até tosadores de animais e supermercados, uma variedade de profissionais e estabelecimentos estão incorporando essas formas de pagamento. Meu cabeleireiro, por exemplo, passou a pedir pagamento via Venmo em vez de cartão de crédito ("por causa dos impostos"). Por meio do aplicativo OfferUp, conheci um rapaz chamado Nick, que obtém a maior parte de sua renda vendendo plantas. O "Nick Plantas", como eu o chamo, só aceita pagamentos via Venmo ou Cash App.*

---

* O PayPal, antes preferido por muitos negócios, foi ostracizado por sua rigorosa política de compartilhamento de dados e fechamento arbitrário de contas. Até seus fundadores, Elon Musk e Peter Thiel, se distanciaram da empresa.

Para um exemplo adicional de como as pessoas estão explorando métodos de financiamento mais diretos, considere o cenário dos podcasts.

SEU KICKSTARTER É TÃO IDIOTA (MAS TAMBÉM INTERESSANTE)

Como sempre parece ocorrer na internet, o financiamento coletivo tem um lado absurdo. O podcast *Your Kickstarter Sucks* [Seu Kickstarter é Um Saco] destaca algumas das campanhas mais bizarras que já conseguiram captar financiamento.

Após examinar os episódios do programa e realizar pesquisas online, encontrei algumas campanhas particularmente notáveis:

- O rapper B.o.B. tentou angariar US$200 mil para provar que a Terra é plana. Infelizmente, a campanha fracassou, arrecadando apenas S$650.
- Um presépio minimalista — escolhido pela equipe do Kickstarter! — composto de figuras representadas como blocos de madeira simples. "Cabe a você interpretar o conjunto", escreveu o criador. "Acho as variações bastante fascinantes."
- Você já quis lamber seu gato? Agora você pode. Anunciada como uma "maneira nova e divertida de se conectar com seu gato", esta escova de limpeza permite que você "lamba seu gato todo, sem bolas de pelo", segundo os criadores da LICKI brush. Arrecadação total: US$52.179.
- Uma página no GoFundMe chamada "Booze/Drugs/Cigs", criada por um estudante empreendedor. Sua justificativa: "estou sem grana e preciso curtir o verão".
- Um aplicativo que permitiria aos usuários "captar" energia do ar, convertendo-a em uma fonte de energia utilizável. Parece incrível! E também, impossível. O IndieGoGo encerrou a campanha. :(
- Um designer sueco criou um conceito para um "robô de cabeceira multitarefa". O Bed Botixs poderia, entre outras

coisas, arrumar sua cama e acordá-lo suavemente caso o alarme não fosse suficiente. Além disso, também podia fazer massagens e até mesmo dar uma mãozinha em atos íntimos. Tragicamente, o Bed Botixs nunca viu a luz do dia.

Alvo de Aquisição Descarada

Laura Mayer tem um feito notável: até onde se sabe, é reconhecida como a pessoa responsável pela produção de mais podcasts de sucesso na indústria. Entre os programas populares que ajudou a lançar estão *Revisionist History*, de Malcolm Gladwell, *Happier with Gretchen Rubin* e *Bad Blood* — apenas para citar alguns. Agora, ela pode adicionar mais uma conquista ao seu currículo: o lançamento do próprio programa focado na aquisição de podcasts.

Laura foi a funcionária nº 1 da Panoply, um estúdio de produção de podcasts que teve crescimento significativo em seus primeiros anos. Durante esse período, ela trabalhou duro para transformar a empresa em um dos principais destinos para talentos de podcasting.

Para alcançar esse objetivo, Laura deu tudo de si à Panoply, o que acabou cobrando um preço alto. Certa vez, participou de uma reunião por telefone diretamente do hospital. Mesmo após seus superiores descobriram onde estava, ela foi repreendida por não comparecer pessoalmente.

Quando finalmente decidiu deixar a empresa para trabalhar em uma startup concorrente, seu empregador recompensou seus anos de serviço retirando sua participação acionária fantasma. Após 3 anos, a empresa foi vendida por US$200 milhões, sem que Laura recebesse nem um centavo.

Na época, ela morava em uma área cara do Brooklyn com seu marido e filha pequena, e queria comprar uma casa. No entanto, após perder todas as suas opções de ações, isso se tornou impossível. O que poderia fazer?

A resposta veio na forma de — o que mais? — um novo podcast.

Ela lançou o próprio programa com um título propositalmente nada sutil: *Shameless Acquisition Target*, ou "Alvo de Aquisição Descarada".

No programa, Laura se comprometeu a oferecer uma perspectiva dos bastidores do mundo dos podcasts. Contudo, não se tratava apenas de uma exposição — era uma demonstração de um modelo de negócio completamente novo.

Como Ir Atrás de Peixes Grandes

O programa de Laura estreou em um momento em que as redes de podcasts — incluindo aquela que ela havia liderado por três anos — estavam ávidas por conteúdo e adquirindo propriedades de podcast a torto e a direito. A Gimlet Media foi vendida para o Spotify por US$230 milhões, enquanto outra rede foi adquirida por US$120 milhões. Quase todo mês, um novo grande negócio era anunciado.

Laura também queria que seu programa fosse adquirido (daí o título, que não deixava margem para dúvidas), e estabeleceu um prazo de seis semanas para receber propostas.

A campanha que organizou para o *Shameless Acquisition Target* foi ousada e divertida. O slogan era "o programa que se vende sozinho". A música tema de abertura, encomendada a um músico no Fiverr, aludia ao seu objetivo de "ganhar dinheiro para comprar uma casa". Um teaser provocava: "Será que ela vai ganhar centenas, milhões ou até mesmo dezenas de dólares?"

Para humanizar a narrativa, Laura gravou conversas com seu marido enquanto observavam uma casa misteriosa que ela queria muito ter condições de comprar. A casa se tornou um personagem secundário na história, levando Laura a vender camisetas estampadas com sua imagem (tecnicamente, era uma casa parecida, para evitar problemas legais com os verdadeiros proprietários).

Embora os projetos de Alex Masmej e Laura Mayer fossem distintos, ambos seguiram um processo semelhante para encontrar o investidor ideal que os financiasse. Eles começaram com um "sinal de alerta" — publicando suas ideias na esperança de atrair o investidor certo. Era essencial que suas propostas fossem tanto interessantes quanto inovadoras, sabendo que simplesmente lançar algo inusitado não bastaria para chamar atenção. Assim, além de divulgar os projetos publicamente, ambos se dedicaram a um trabalho intenso nos bastidores, explorando todas as conexões possíveis que pudessem levar ao financiamento.

O processo foi dividido em três fases: anúncio do acordo, divulgação calorosa e abordagem cold pitch.

1. Anúncio do Acordo

O anúncio do acordo é fundamentalmente uma solicitação de financiamento e pode ser feito de várias maneiras. Para Alex, começou de maneira simples: uma série de tweets e uma palestra em um evento de criptomoedas em Paris. Já para Laura, foi mais complexo, já que seu podcast servia tanto como anúncio quanto como o próprio produto. Ainda assim, o trailer de 2 minutos serviu como porta de entrada para os interessados em conhecer mais sobre o projeto.

Ainda que a divulgação fosse feita majoritariamente pelas redes sociais, recomenda-se criar uma versão escrita disponível em um site ou blog. Isso oferece um recurso adicional para aqueles que desejam explorar mais detalhadamente o projeto.

2. Divulgação Calorosa

Após o anúncio do acordo, é importante que amigos, colegas e conhecidos estejam cientes dele. Chamo essa fase de *divulgação calorosa* devido à abordagem diferenciada em relação a pessoas desconhecidas. Quanto mais influenciadores reais (pessoas capazes de conectar você a potenciais investidores, não apenas aqueles com muitos seguidores aleatórios) você alcançar nesta fase, melhor. Para muitos criadores, essas conexões são mais significativas do que o colda pitch, pois são oportunidades para se conectar com apoiadores que podem ajudar a divulgar o projeto para um público mais amplo.

Embora conhecesse Laura Mayer há vários anos quando lançou seu podcast, não tínhamos mantido contato regular, então eu provavelmente teria perdido a notícia sobre seu projeto se ela não o tivesse anunciado entre seus contatos.

No entanto, não fiquei sabendo diretamente por ela. Ela escreveu para o editor do *Hot Pod*, um site popular entre insiders de podcasts. Foi lá que Jonathan Fields, um amigo de longa data, ouviu falar sobre o podcast, escutou o primeiro episódio e falou dele para mim. Posteriormente, notei que Gretchen Rubin, outra amiga minha, também havia mencionado o projeto em seu site.

Com as recomendações de Jonathan e Gretchen, assisti ao trailer e fiquei encantado. Em seguida, me inscrevi e ouvi a série inteira. Isso ilustra o poder de uma rede em ação.

3. Cold Pitch

Se tiver sorte, pode atrair o(s) investidor(es) certo(s) por meio de anúncio público do acordo e da divulgação calorosa. No entanto, será necessário ampliar o alcance e contatar pessoas que você ainda não conhece.

Uma estratégia eficaz é desenvolver uma "lista de alvos" de potenciais investidores. Você pode começar com diretórios online de capital de risco (o Crunchbase tem um, por exemplo), ou usar o X (antigo Twitter) para encontrar menções recentes de *AngelList*, *capital de risco* ou similares. Invista em uma pesquisa detalhada, pois muitas dessas menções podem não levar aos contatos certos — mas algumas o farão, e seu objetivo é encontrar essas agulhas no palheiro.

Existem algumas regras para um cold pitch. Primeiro, diminua suas expectativas. Se receber uma resposta, seja grato e cortês, independentemente do conteúdo da resposta. Mantenha sua comunicação inicial concisa e direta. Você está apenas tentando abrir uma porta. Se as pessoas demonstrarem interesse, você pode enviar o link do anúncio do acordo, mas não exagere — seu projeto deve falar por si só, e não parecer desesperado. Se tiver um conjunto de slides preparado, pergunte se pode enviá-lo antes.

A maioria dos investidores de capital de risco (VCs) e outros investidores ativos recebem *muitos* pitches indesejados. Mas isso não significa que você deva desistir de se destacar. Assim como um agente literário que busca descobrir o próximo grande romance entre uma pilha de rejeições, muitos investidores estão à procura de oportunidades únicas. Eles não querem a próxima grande novidade, algo que tenha *potencial* para se destacar e que ninguém viu. É seu trabalho ajudá-los a encontrá-la.

Mais uma coisa: é crucial incluir algum senso de urgência em seus esforços de angariação de fundos. Você não quer que um potencial investidor pense "Isto parece interessante" e depois perca interesse; você quer que pensem "É melhor eu fazer isso AGORA". Caso contrário, você corre o risco de ser engolido pela constante enxurrada de informações.

Laura fez isso em seu podcast *Shameless Acquisition Target* ao estabelecer um prazo. A cada episódio semanal, desafiava os patrocinadores a superarem o financiamento da semana anterior. No final, o programa ficou fora do ar por trinta dias, durante os quais ela encorajou propostas antes de anunciar uma decisão no próximo episódio.

O que aconteceu? Várias coisas. Primeiro, seu trabalho no podcast atraiu uma oferta de emprego interessante. Não era o que ela tinha em mente quando começou o projeto; no entanto, apesar de se divertir experimentando com esse novo modelo de captação de recursos, ela percebeu que poderia ser mais adequado retornar ao trabalho tradicional, pelo menos, enquanto sua filha ainda era pequena.

Segundo, ela se conectou com um agente literário e começou a desenvolver ideias para um livro, com negociações de direitos autorais para filmes e TV também. Eu não ficaria surpreso se Laura Mayer acabasse adquirindo aquela casa misteriosa.

Os Gatekeepers Saíram de Cena

Hoje, um novo ecossistema de plataformas descentralizadas de microinvestimento, como AngelList e FundersClub, torna o financiamento mais acessível do que nunca. Essas plataformas não apenas facilitam a conexão direta com investidores que possam querer apoiar seu projeto, mas também simplificam a qualificação para obter financiamento.

Seguindo esse caminho, você pode burlar os gatekeepers tradicionais, evitando a necessidade de submeter seu plano de negócios e relatórios financeiros a uma análise minuciosa por grandes instituições antes de ser considerado para financiamento. Tudo o que precisa é de um investidor direto, em algum lugar, que acredite na sua ideia.

Melhor ainda, nessas plataformas, são os próprios usuários que estabelecem as regras — incluindo a opção de aceitar investidores de forma periódica. Isso significa que você não precisa arrecadar todo o dinheiro necessário de uma vez. Geralmente, isso é realizado por meio de duas ferramentas principais: sindicatos e rolling funds [fundo rolante].

- Sindicato = um grupo de investidores que agrupa seu recursos financeiros para investir em empresas ou projetos específicos.
- Rolling fund = um fundo único que oferece aos investidores a oportunidade de investir em várias empresas ou projetos.

Em um sindicato, cada investidor pode escolher individualmente em quais empresas deseja investir, com base em cada oportunidade de acordo. Por outro lado, em um rolling fund, o gestor do fundo toma as decisões. Assim, embora os investidores não escolham individualmente as empresas, cada fundo opera apenas por um trimestre civil, após o qual eles têm a opção de retirar seus investimentos ou reinvesti-los em um novo fundo. (Existem outras variações nessa estrutura, mas essa é a mais comum.)

Shark Tank Pessoal

O microfinanciamento também oferece a opção de gerenciar o próprio rolling fund. Nesse papel, você é o "shark" [tubarão], distribuindo investimentos de um portfólio de ativos sob seu controle. Em plataformas como AngelList, leva apenas alguns cliques para começar.

Por que você faria isso? Porque é extremamente vantajoso ter a própria firma de capital de risco! Além disso, é possível reter uma porcentagem do investimento total. O valor pode variar (você decide quando configurar o fundo), mas as taxas de gestão típicas ficam em torno de 2% ao trimestre, independentemente do desempenho.

Além disso, seu fundo recebe uma parte dos lucros, geralmente em torno de 20%. Outras taxas administrativas também podem ser aplicadas.*

Vejamos um cálculo aproximado: imagine que você gerencia um pequeno fundo de US$1 milhão. A cada trimestre, receberia uma taxa de gestão de US$5 mil, totalizando US$20 mil por ano. Depois, receberia sua parte dos lucros, também paga trimestralmente. Se seu fundo tiver um retorno anualizado de 15%, isso lhe renderia US$30 mil.

Capital: US$1 milhão

Taxa de gestão (2%): US$20 mil/ano

Taxa de desempenho (20% dos lucros, com base em retornos anuais de 15%): US$30 mil

—

Retorno total: US$50 mil

A esta altura, você deve estar se perguntando de onde conseguirá aquele primeiro milhão de dólares.

Boa pergunta. Certamente, você pode convidar amigos, familiares e seguidores nas redes sociais para investirem em sua operação, no melhor estilo *Shark Tank*. Além de abordagens mais pessoais, seu fundo também pode ser listado em diretórios acessados por investidores em busca de novas oportunidades.

Os investidores que utilizam plataformas como AngelList precisam ser “reconhecidos”, o que é uma maneira elegante de

* "Uau, é muita taxa!" Sim, mas não se trata de um investimento em fundos de índice. Se preferir, poderia iniciar um desses, porém: a) teria dificuldade em competir com as empresas já estabelecidas e b) suas comissões seriam muito menores.

dizer que precisam deter muito capital.* A maioria está lá para diversificar seus investimentos tradicionais, distribuindo-os entre vários projetos ao invés de concentrá-los em um único grande sucesso.

Veja alguns exemplos de rolling funds em busca de investidores:

- Climate Avengers: uma equipe focada em apoiar startups de sustentabilidade.
- Region Cuatro: iniciativa fundada por um gerente de engenharia do Airbnb, concentrada em tecnologia na América Latina.
- Chasing Rainbows: investindo em empresas lideradas por fundadores LGBTQIA+ sub-representados.
- Unpopular Ventures Fund: foca as "melhores empresas fora da curva".

Pode-se notar algo nesses exemplos: cada um é projetado para atrair investidores interessados em setores específicos ou cujos valores estejam alinhados com os objetivos do fundo (ou ambos). Além desses fundos temáticos, há muitos outros com foco mais amplo.

Basicamente, se você tem uma ideia, pode iniciar o próprio fundo. Embora encontrar empresas adequadas para investir não seja simples, para alguém que já sabe onde quer alocar capital e é proficiente em atrair investidores, essa pode ser uma excelente opção.

* Normalmente, para ser credenciado é necessário ter um patrimônio líquido de pelo menos US$1 milhão, sem incluir a residência principal, ou uma renda anual de pelo menos US$200 mil.

O Dinheiro Inteligente Está nas Pessoas Criativas

À medida que a economia pós-pandêmica avançava, uma convicção interessante ganhou força entre os investidores: "Encontrar boas oportunidades de investimento é mais difícil do que conseguir capital".

Quando o mercado está com perspectiva de alta, o dinheiro sempre circula. Mesmo nos mercados em baixa, as pessoas continuam investindo. "Dinheiro fácil vai embora rápido", disse-me um fundador, "mas o dinheiro inteligente está sempre aí."

Em um ambiente como este, as pessoas criativas têm o poder, podendo colher mais vantagens a partir de ideias inovadoras do que os próprios investidores.

Claro que nem todos os projetos financiados por crowdfunding terão sucesso, e há casos em que sindicatos ou rolling funds inteiros podem fracassar. Ainda assim, é provável que esse modelo evolua e se expanda, com o surgimento de novas redes e plataformas simplificarão ainda mais esses acordos.

Pequenos investidores poderão vincular seus futuros retornos às pessoas criativas, possibilitando que captem os recursos necessários para concretizar seus projetos.

Todo esse capital está aí, disponível para alguém. Por que não poderia ser você?

Capítulo Nove
Engane os Golpistas

CONCEITO: de cartuchos de tinta superfaturados a apostas esportivas, o que você sempre suspeitou é verdade: o jogo é manipulado. As empresas fazem de tudo para manter uma vantagem injusta, e o governo as auxilia nesse processo.

Jeremy O'Sullivan e Melissa Nelson tiveram uma ideia de negócio promissora: um serviço que ajuda franqueados do McDonald's a consertar máquinas de sorvete problemáticas. Tudo começou quando eles perceberam que as máquinas eram programadas para serem desnecessariamente complicadas e propensas a falhas, uma prática que beneficiava a Corporação McDonald's às custas dos franqueados, responsáveis pelos reparos custosos e manutenção das máquinas. Não se tratava de um problema ocasional; as máquinas paravam de funcionar com tanta frequência que um aplicativo, apropriadamente chamado McBroken, foi criado para rastrear o status dessas máquinas em McDonald's ao redor do mundo.*

* Antes que os advogados o tirem do ar, visite mcbroken.com para verificar se o sorvete da sua unidade local do McDonald's está disponível no momento.

Motivo de frustração para os fãs de McFlurry, mas oportunidades para O'Sullivan e Nelson: eles haviam inventado um dosador automático de iogurte gelado chamado Frobot quase uma década antes. Assim, iniciaram um negócio lucrativo que ensinava franqueados a hackear as máquinas com um dispositivo adicional, que as mantinham funcionando de maneira consistente, reduzindo a necessidade de reparos.

Por mais que fosse uma solução vantajosa para todos, em vez de apoiar a inovação, o McDonald's tentou acabar com ela, prejudicando O'Sullivan e Nelson ao desmerecer sua tecnologia e tentar replicá-la para o próprio benefício. Os executivos ameaçaram anular as garantias das máquinas dos franqueados que não utilizassem o fornecedor oficial. Além disso, alegavam nunca ter acessado os sistemas proprietários desenvolvidos por O'Sullivan e Nelson, apesar dos registros de servidores e outras evidências provarem o contrário.

Era basicamente o clássico conto de Davi e Golias, e O'Sullivan e Nelson não recuaram: eles contra-atacaram a empresa com ações judiciais e uma intensa campanha de relações públicas.

O McDonald's tem um histórico de prometer mais do que cumpre para parceiros e clientes, que remonta a 1987, com a promoção Monopoly. Baseada no popular jogo de tabuleiro, a promoção oferecia peças de jogo que podiam ser trocadas por prêmios a cada compra. À exceção de algumas, a maioria das peças não valia muito. Mas alguns clientes podiam tirar a sorte grande e trocar uma peça *realmente* valiosa por um carro zero ou um prêmio em dinheiro de até US$1 milhão.

Isso resultou em um aumento de clientes: milhares de pessoas passaram a frequentar os restaurantes doMcDonald's, na esperança de conseguir uma dessas peças raras que poderiam ser trocadas por muito mais do que um McLanche Feliz ou um milkshake. Vencedores eufóricos apareciam regularmente nas manchetes locais, dando publicidade gratuita para a empresa. Infelizmente, era tudo uma fraude. A promoção Monopoly do

McDonald's foi manipulada desde o início, devido a uma péssima decisão de contratação.

Seguindo a tendência clássica de terceirização, o McDonald's decidiu subcontratar uma empresa para administrar os prêmios. Esta empresa, por sua vez, contratou Jerome P. Jacobson, um ex-policial, como chefe de segurança, responsável por supervisionar tudo.

Nos 15 anos seguintes (isso mesmo), mais de US$13 milhões em prêmios foram desviados para indivíduos escolhidos por Jacobson. Enquanto prêmios de baixo valor continuavam a ser distribuídos aleatoriamente, quase todos os prêmios de alto valor eram direcionados a seus amigos, familiares e cúmplices, em troca de uma porcentagem dos ganhos. Isso significava que, não importava quantos Big Macs você comprasse, se não fosse um associado de Jacobson, não ganharia os prêmios mais valiosos. Durante esse tempo, os cúmplices de Jacobson acumularam US$24 milhões, ou cerca de US$60 milhões na cotação atual.

Em algum momento, até a máfia se envolveu no esquema, ampliando o círculo de potenciais "vencedores" e desviando a atenção de Jacobson. Todo esse oba-oba chegou ao fim quando alguém decidiu falar. O FBI abriu uma investigação — com vans brancas, escutas telefônicas e tudo mais — e finalmente prendeu Jacobson e seus cúmplices.

Quando a saga chegou ao fim, 53 pessoas foram indiciadas, e Jacobson foi condenado a 3 anos de prisão.

Histórias como essa são mais comuns do que se imagina. Para cada caso de má conduta corporativa que vira manchete, como o caso da promoção Monopoly, há inúmeros outros que passam despercebidos. Esses casos podem variar desde práticas de marketing questionáveis até fraudes descaradas, mas o que fica claro é: na maioria das vezes, o jogo é manipulado.

O bom é que cada vez mais pessoas estão encontrando maneiras de reagir.

A Vovó que Enfrentou a Gigante das Impressoras

Você poderia argumentar que o drama do Monopoly não foi culpa do McDonald's, pelo menos. não diretamente. Afinal, foi a empresa subcontratada que tomou a péssima decisão de contratar um chefe de segurança corrupto e foi negligente na supervisão. No final das contas, não foi a cadeia de fast food estadunidense que cometeu a fraude, mas sim o diretor de segurança da subcontratada.

Para a Hewlett Packard (HP), a multinacional de tecnologia da informação e fabricante de computadores e impressoras, a história foi diferente. Quando se trata de sua linha de impressoras, a HP segue uma estratégia de produto chamariz (o clássico modelo isca e anzol*), vendendo as impressoras ao menor preço possível e tentando compensar essas margens de lucro reduzidas com as vendas recorrentes de cartuchos de tinta e toner a preços elevados.

Havia apenas um problema: o alto preço dos cartuchos de tinta criou oportunidades para outras empresas fabricarem cartuchos de tinta e toner mais baratos que pudessem ser usados em impressoras HP. Como a HP ganha a maior parte de sua renda com cartuchos, precisa manter esses preços altos para continuar lucrativa. Isso significa que marcas alternativas podem vender suas versões por menos e ainda assim lucrar. (A tinta em si é exatamente a mesma — não há razão para comprar a versão de marca, a menos que você prefira dar mais dinheiro à HP.)

Naturalmente, a HP não ficou nada satisfeita com isso. Durante anos, a empresa fez de tudo para incentivar os clientes a comprar tinta e toner de sua marca, alegando que as versões alternativas eram ineficazes ou até mesmo danificavam a impressora. Foi uma manobra astuta que poderia ter funcionado,

* N. da T.: modelo de negócios em que os produtos vendidos são dependentes entre si, mas com margens de preços diferentes.

se não fosse pelos esforços de uma senhora aposentada que vive em uma área rural do estado de Washington.

DeLores Williams havia comprado uma nova impressora HP para imprimir fotos dos catorze netos. Durante o primeiro ano, a impressora funcionou perfeitamente. Entretanto, de repente, começou a apresentar problemas. Williams havia recentemente instalado alguns cartuchos de tinta genéricos que comprou na Amazon e, após apenas um mês de pouco uso, a impressora parou de funcionar.

Williams sabia que não havia nada de errado com a tinta que havia escolhido — ela pesquisou tudo, e os cartuchos de outros fabricantes tinham ótimas avaliações. Mas não havia como ignorar ou contornar as mensagens de erro que recebia ao tentar imprimir. Quando ligou para o serviço de atendimento ao cliente, foi informada de que precisaria comprar uma nova impressora.

Foi a pior coisa que poderiam ter dito para aquela senhora em particular: Williams trabalhou com TI a vida inteira e imediatamente percebeu que algo estava errado. Em vez de comprar mais produtos da HP, ela iniciou uma investigação por conta própria e descobriu que a empresa não apenas tentava intimidar clientes a comprarem exclusivamente sua marca de tinta: furtivamente, também lançava atualizações de software que comprometiam o hardware das próprias impressoras. Essas atualizações impediam que cartuchos sem um chip da HP funcionassem nas impressoras HP, efetivamente programando as máquinas para rejeitar marcas alternativas. Suas suspeitas estavam corretas: *aquilo realmente era um golpe.*

Infelizmente para a HP, Williams estava determinada — e agora que estava aposentada, tinha bastante tempo livre. Como resultado de seus esforços, a HP acabou sendo obrigada a pagar uma indenização de US$1,5 milhão a clientes em uma ação coletiva e a lançar uma nova atualização que removeu as restrições anteriores.

Se você optou por cartuchos de tinta genéricos nos últimos anos, pode agradecer a DeLores Williams pelas economias. Ela desafiou a gigante das impressoras e saiu vitoriosa.

Como superar um sistema manipulado em favor das grandes corporações? Ou melhor ainda, como lucrar com seus atos perversos?

Às vezes, a resposta está nos dados — quanto mais dados, melhor.

Vencendo os Apostadores

Os apostadores esportivos online ("bookies") empregam centenas de analistas cujo objetivo é gerar lucro para suas empresas às custas dos outros, e são extremamente competentes nisso. Uma de suas principais tarefas é definir as chances nos mercados de apostas de forma atraente para os apostadores (afinal, se as chances de ganhar parecerem muito remotas, os clientes apostarão em outro site), ao mesmo tempo em que garantem uma margem de lucro adequada para os bookies. Para eles, uma linha de apostas ideal é como um jogo de roleta: os jogadores podem ocasionalmente se dar bem a curto prazo, mas, a longo prazo, a casa sempre sai ganhando.

A maioria dos apostadores sérios desenvolve sistemas para vencer as chances. Graças ao poder do big data, esses sistemas podem ser bastante sofisticados e, em geral, combinam modelagem matemática, pesquisa e intuição pessoal. A questão é que os próprios bookies também aplicam essas técnicas, e geralmente são melhores nisso.

Em 2017, uma equipe internacional de pesquisadores liderada por um professor da Universidade de Tóquio decidiu tentar algo diferente: em vez de superar os profissionais com previsões melhores, eles buscaram uma maneira de usar as próprias previsões dos bookies contra eles.

A equipe começou este experimento partindo do pressuposto de que as previsões incorporadas pelos bookies online em seus modelos geralmente estavam corretas. Para garantir a precisão dessa suposição, decidiram revisar centenas de milhares de registros de jogos de futebol americano do passado. Os resultados mostraram que, em geral, as chances dos bookies eram bastante precisas.

Em seguida, a equipe se concentrou em identificar o que chamaram de *odds mal precificadas*: situações em que alguns bookies ofereciam odds que divergiam significativamente do consenso.

Essas chances podem ocorrer por várias razões. Muitas vezes, um bookie recebe um grande volume de apostas em um determinado time e, para equilibrar, oferece chances ligeiramente melhores para o outro time, na tentativa de atrair mais apostadores. Outras vezes, ajustam as chances para atrair apostadores da concorrência, oferecendo termos mais favoráveis.

A teoria da equipe era clara: *se apostarmos nos jogos com odds mal precificadas, ao longo do tempo, podemos ganhar mais do que perder.*

Então, desenvolveram um sistema computacional para monitorar em tempo real as chances de mais de trinta bookmakers em centenas de jogos ao redor do mundo. Após extensos testes, ficaram convencidos de que estavam no caminho certo. As simulações práticas consistentemente demonstraram um retorno superior do que chances aleatórias. Usando o modelo de odds mal precificadas, alcançaram uma média de retorno de 3,5%, enquanto apostas aleatórias resultaram em uma média de -3,3%.

Considerando uma aposta fictícia de US$50 em cada jogo no modelo de teste, a estratégia gerou um lucro médio de US$98,865. Em contrapartida, o modelo aleatório resultou em uma perda média de US$93,563.*

Embora um lucro de US$5 mil possa não parecer justificar todo esse esforço, vale lembrar que eles estavam construindo um *modelo*. Com o tempo, se conseguissem consistentemente

* A equipe observou: "A probabilidade de obter um retorno igual ou superior a US$98,865 em 56,435 apostas usando uma estratégia de aposta aleatória é inferior a 1 em 1 bilhão" (https://arxiv.org/ftp/arxiv/papers/1710/1710.02824.pdf).

lucrar com apostas de US$50, poderiam aumentar suas apostas e obter um retorno de 3,5% em US$100, US$200 ou mais.

> Estratégia média de apostas esportivas = -3,3% (negativo)
>
> Estratégia de apostas em "odds mal precificadas" = 3,5% (positivo)

Ao revisar os dados históricos das apostas esportivas, a equipe observou que as chances tendem a flutuar consideravelmente nas últimas horas antes do fechamento. Aplicando seu modelo nas últimas 5 horas antes do encerramento das apostas, descobriram que podiam melhorar suas chances e alcançar um retorno de 5,5%, 2% a mais do que anteriormente.

Até então, tudo estava indo bem. O próximo passo era testar o modelo usando dinheiro real. E foi exatamente isso que fizeram.

Em Seguida, Tomaremos Manchester

Após abrir contas com vários apostadores online, a equipe começou a realizar suas apostas conforme as recomendações do modelo que desenvolveram. Com apostas de US$50 em cada jogada, ao longo dos próximos seis meses, efetuaram 265 apostas. Ao final do experimento, obtiveram um lucro de US$957,50, o que representa um retorno sobre o investimento de 8,5% — um resultado ainda melhor do que nas simulações preliminares!

Eles conseguiram: venceram o sistema. Ou, pelo menos, *exploraram* o sistema ao identificar as odds mal precificadas. Em vez de tentar superar as previsões de centenas de analistas profissionais, confiaram nessas previsões como válidas. Agora tinham uma estratégia replicável, e um avanço significativo na pesquisa. Melhor ainda, demonstraram que, afinal, a casa nem sempre tem a vantagem.

O Preço Certo

Os pesquisadores da Universidade de Tóquio desafiaram os apostadores e saíram vitoriosos ao aproveitar as oportunidades oferecidas pelas odds mal precificadas. No entanto, é possível lucrar com discrepâncias de preços muito além do mundo das apostas esportivas: desde investir em ações subvalorizadas, até aproveitar quedas de preço em passagens aéreas ou obter excelentes negócios em itens cotidianos como lentes de contato.

Quando estou fora dos Estados Unidos, sempre aproveito para comprar lentes de contato, já que, geralmente, custam a metade do preço em outros países. Não é necessário ter uma receita médica ou "autorização do médico". O mesmo se aplica a certos medicamentos. Em muitos países, muitos medicamentos que exigem receita médica — e frequentemente têm um alto copagamento — podem ser adquiridos sem prescrição médica nos Estados Unidos, a um preço muito mais baixo.

É claro que substâncias altamente viciantes e prejudiciais continuam restritas. No entanto, muitos medicamentos como antidepressivos, tratamentos para saúde sexual e até mesmo remédios contra o câncer estão disponíveis em alguns lugares. Comprar esses medicamentos sem receita médica é menos arriscado do que parece. Normalmente, há um farmacêutico disponível para responder perguntas sobre dosagem ou efeitos colaterais, não apenas para aplicar as regras sobre o que você pode ou não pode tomar.

Outro exemplo são as viagens. Por mais que as regras de precificação de passagens aéreas sejam complexas, uma regra simples é: em grande parte, o preço das passagens internacionais é determinado pelo país de partida. Por exemplo, uma passagem de Nova York para Bangkok custa mais do que o contrário.

O efeito é ainda mais acentuado com passagens premium na Primeira Classe ou Classe Executiva. Se mora nos Estados Unidos, mas quer visitar a Ásia duas ou mais vezes ao ano, pode se beneficiar dessa diferença de preço comprando voos que originam no país mais barato. Claro, você precisará chegar a Bangkok (ou seu destino final) na primeira vez, mas a partir daí, o caminho está livre. Para a segunda viagem, e todas as seguintes, você simplesmente viaja em voos de ida e volta a partir *do* seu destino, e não para ele. Uma vez de volta a Nova York, sem planos de retornar a Bangkok, você simplesmente não embarca no último trecho do seu itinerário.".

Cansado de Telemarketing? Processe-os!

Quem é que gosta de receber chamadas de telemarketing oferecendo iPads gratuitos, seguros de carro ou sistemas de segurança para casa? Ninguém, é claro — exceto Andrew Perrong, um jovem de 21 anos de Huntingdon Valley, Pensilvânia, que transformou essa irritação constante em uma fonte regular de renda. Ele faz isso atendendo de bom grado chamadas de telemarketing e robocalls, ouvindo as tentativas de vendas e depois processando imediatamente a empresa por trás da intrusão.

Andrew obteve acordos judiciais da Verizon, Citibank e várias empresas menores por violarem a Lei de Proteção ao Consumidor de Telefone, como fazer chamadas pré-gravadas sem consentimento, ligar para números presentes na lista "Não Me Perturbe" e outras práticas questionáveis. Como a maioria dessas empresas prefere evitar o incômodo e a má publicidade dos tribunais, pagam e Andrew segue em frente.

Ele mantém discrição sobre os resultados de sua operação, mencionando "dezenas" de processos legais em andamento. Mas ficou claro que ele deixou seus oponentes desconcertados.

Dan Graham, de Austin, Texas, também buscou a justiça para se vingar dos telemarketers. Inicialmente, ele não buscava lucro — simplesmente estava irritado. Recebendo mais de quinze chamadas indesejadas por dia e incapaz de ignorar números desconhecidos devido ao trabalho e à família, finalmente decidiu agir. Começou apresentando reclamações ao Better Business Bureau (BBB) e, posteriormente, entrou com processos judiciais, em tribunais de pequenas causas e sem advogado. Em menos de um ano, arrecadou mais de US$75 mil em indenizações.

SONO DE ALTA QUALIDADE SEM CUSTO

É difícil colocar um preço em uma boa noite de sono. Mas e se você pudesse tê-la sem custo algum?

Embora haja dezenas de empresas de colchões, existem apenas alguns fabricantes. Isso significa que a maioria das marcas de colchões são, na verdade, empresas de marketing. O objetivo delas é convencer você de que seu colchão é superior, mesmo que saia da mesma linha de montagem que os colchões de outras marcas renomadas.

O mercado de colchões é conhecido por suas margens de lucro altas, possibilitando que as empresas invistam pesadamente em marketing e ofereçam descontos generosos. A maioria dessas empresas tem políticas de devolução flexíveis, que variam do padrão de "100 noites" da indústria até um ano inteiro. É uma das grandes razões para justificar os preços exorbitantes — as pessoas, de alguma forma, se sentem menos culpadas ao gastar até US$25 mil (sem exagero!) em um colchão quando sabem que podem devolvê-lo a qualquer momento durante os primeiros três meses, ou até mais tarde.

Antes de ler um artigo na *New Yorker* sobre a indústria, eu presumia que pouquíssimas pessoas devolvessem colchões após tanto tempo de uso — mas eu estava enganado. As taxas de devolução podem chegar a 15% ou mais, e as marcas parecem não se incomodar com isso.

Na verdade, elas facilitam bastante o processo. Ao solicitar a devolução, a empresa envia alguém para buscar o colchão, eliminando a necessidade de você mesmo transportá-lo ou tentar colocá-lo de volta na embalagem original. O melhor de tudo é que os colchões devolvidos geralmente são doados para abrigos locais, então você pode dormir tranquilo sabendo que seu colchão rejeitado irá para alguém que realmente precisa, em vez de acabar em um aterro sanitário.

Você já deve imaginar onde isso vai dar: dezenas de empresas de colchões, todas oferecendo um período de teste de pelo menos alguns meses. Em teoria, alguém poderia continuar "alugando" novos colchões indefinidamente.

Em nome da pesquisa, decidi realizar esse experimento. Comprei um colchão novo de uma das grandes empresas. Alguns dias depois, um pacote pesado chegou à minha porta. Depois de montar meu novo palácio do sono, configurei um lembrete no meu telefone para dali a 98 dias — 2 dias antes de expirar a garantia de 100 noites.

De início, estava preocupado em me apegar ao colchão e não querer devolvê-lo, mas então lembrei: há mais de onde ele veio. Então, quando o 98º dia se aproximou, escolhi um novo colchão de outra empresa e o encomendei para que chegasse no mesmo dia em que planejava devolver o primeiro.

Neste momento, estou no terceiro colchão, seguindo a lógica do teste de 100 noites. Se tudo correr conforme o planejado, quando você ler isso, já estarei no quarto ou quinto colchão. Claro, em algum momento provavelmente terei que encerrar esse experimento, mas até lá, estou dormindo de graça.

Uma observação, caso decida tentar isso por conta própria: certifique-se de ler atentamente a política de devolução antes de iniciar seu experimento de teste vitalício com colchões. Você não vai querer ficar preso com um colchão caro que não pretendia manter.

Como Derrotar Golias

Derrotar um sistema manipulado para te manter em desvantagem não é fácil — basta perguntar àquela equipe de pesquisadores que tentou vencer os bookmakers em seu próprio jogo. Suas pesquisas mostraram que era matematicamente possível ganhar, e eles desenvolveram uma estratégia inteligente que provou isso. Infelizmente, porém, a história não termina aí.

Após o sucesso inicial, os pesquisadores logo encontraram obstáculos. Ao tentarem apostar nos jogos recomendados pelo modelo, depararam-se com limitações no sistema. Isso ocorreu repetidamente, principalmente na forma de limites de apostas. Enquanto podiam apostar livremente em certas situações, em jogos com valor esperado positivo, eram restritos a apostas entre US$10 e US$20, e às vezes apenas US$1. Em outras ocasiões, não conseguiam fazer nenhuma aposta, recebendo uma mensagem de erro que alegava a necessidade de uma "inspeção manual". Claramente, os bookmakers estavam vigilantes.

Os pesquisadores tentaram contornar esses obstáculos abrindo novas contas. No entanto, descobriram que os bookmakers mantinham uma lista de endereços IP associados a "clientes problemáticos" (ou seja, aqueles que cometiam o "pecado" de ganhar). Assim que alguém se inscrevia com um IP conhecido, a conta era imediatamente marcada e limitada. Além de serem mestres em prever resultados de jogos, os bookmakers também eram muito bons em *impedir que os apostadores lucrassem.*

A situação se assemelhava ao que acontece quando alguém tenta contar cartas em Las Vegas. Contar cartas no blackjack é perfeitamente legal e, se feito corretamente, pode levar a grandes ganhos. Mas isso é mais fácil na teoria do que na prática, pois os cassinos são extremamente eficazes em frustrar essas tentativas. Quando a equipe do cassino identifica a pequena minoria de jogadores que consegue ganhar consistentemente, os chefes de mesa simplesmente os proíbem de jogar. Portanto, embora contar cartas em Vegas seja legal, contar cartas *e ganhar* é inaceitável.

Depois de um tempo, a equipe de pesquisa decidiu encerrar a tentativa e voltar aos seus empregos regulares como professores que não se envolvem com jogos de azar. Na última frase de seu relatório, escreveram: "Devido às restrições impostas pelos bookmakers, que tornaram a experiência de apostas cada vez mais difícil, decidimos encerrar nosso experimento de apostas".

O relatório não deixou margem para dúvidas: Golias não cairia sem uma luta.

ALUGAR UM CARRO DA HERTZ PODE LEVÁ-LO À PRISÃO

Gary Leff, especialista em viagens e programas de fidelidade, geralmente escreve sobre ofertas de passagens aéreas e dicas de como fazer as malas.

No entanto, há alguns anos, ele começou a relatar algo estranho: um número de clientes da Hertz estava sendo detido, preso e, às vezes, mantido na cadeia *por semanas a fio* devido a casos de identidade equivocada.

A coisa piora: os clientes da Hertz continuam sendo presos porque a empresa os acusa falsamente de roubar seus veículos.

Eu leio o blog do Gary diariamente e, no começo, não dei muita atenção a esses incidentes bizarros. No entanto, rapidamente, isso se tornou um *padrão* alarmante e difícil de ignorar.

Não é exagero afirmar que a Hertz é responsável por *centenas* de prisões injustas. Um cliente, James Tolen, foi preso por dirigir um carro que a Hertz havia reportado como roubado 3 meses antes — *antes mesmo* de ele alugá-lo! Outro cliente ficou preso por 6 meses depois que a Hertz relatou que seu carro havia sido roubado, embora ele o tivesse devolvido e pago integralmente. Há relatos de pessoas sendo presas à mão armada na frente dos filhos pequenos, apesar de terem a documentação de aluguel em mãos.

Talvez o caso mais chocante seja o de uma cliente que foi presa quatro vezes e mantida por mais de 30 dias na cadeia, *onde sofreu um aborto espontâneo.*

Como isso é possível? Acredite ou não, os executivos da Hertz não têm uma boa resposta, ou mesmo uma resposta coerente. A melhor explicação que conseguiram oferecer foi: "De fato, isso é um problema que ocorre em todo o setor" — mas isso só parece estar acontecendo com os clientes deles, então, essa afirmação não se sustena.*

Finalmente, no final de 2022, a empresa concordou em pagar US$168 milhões para encerrar 364 processos relacionados a essas prisões falsas. Outros litigantes (sim, há mais!) que optaram por não participar da ação coletiva seguem com os próprios processos.

Moral da história: se alugar um carro da Hertz, esteja preparado para correr o risco de ser preso. Quiçá você acabe lucrando com isso posteriormente.

* Não estou inventando isso! Parece inacreditável, mas está bem documentado. Além disso, a cliente que sofreu um aborto espontâneo enquanto estava presa injustamente *era membro Platinum da Hertz.*

Desafiar um sistema que beneficia grandes corporações em detrimento dos criadores comuns é o cerne da Revolução Financeira. Não quer correr o risco de ser preso por dirigir um carro alugado pelo qual você pagou? Considere usar um serviço peer-to-peer em vez de recorrer a uma empresa que controla toda a sua frota.Cansado de como os bookmakers esportivos manipulam as chances a seu favor? Explore os sites de apostas baseados em blockchain mencionados no capítulo três.

Quanto ao McDonald's, parece que a empresa está sempre envolvida em problemas. Enquanto finalizava este livro, ela continuava sua batalha judicial com Jeremy O'Sullivan e Melissa Nelson, os proprietários do serviço que devolveu aos franqueados do McDonald's o controle sobre a produção de sorvetes. O'Sullivan e Nelson entraram com uma ação acusando o McDonald's e a Taylor Company (o fornecedor das máquinas de sorvete do McDonald's) de conspiração para manter um produto superior fora do mercado. Eles pedem um julgamento com júri e uma indenização de, "pelo menos", US$900 milhões.

Capítulo Dez

Não Informe, Transforme

CONCEITO: o ensino online mudou. Simplesmente fornecer informações e esperar que os alunos aprendam sozinhos já não é suficiente. Hoje, os educadores mais bem-sucedidos são aqueles que se comprometem a criar experiências transformadoras.

Woniya Thibeault se dedica diariamente à confecção de roupas de peles de animais. Ela é uma figura proeminente no "movimento de resgate de habilidades primitivas," que valoriza a autossuficiência total em meio à natureza selvagem.

Por mais de 20 anos, Woniya ganhou a vida ensinando "habilidades ancestrais" em propriedades rurais no Oregon e Wisconsin. Na maior parte do tempo, seus programas atraíam uma pequena comunidade de entusiastas da vida ao ar livre. Hoje, no entanto, a maioria de seus alunos são profissionais urbanos que buscam se conectar com a natureza, aprendendo habilidades como curtimento de peles, afiação de sílex e interpretação da linguagem das aves.

Dois fatores transformaram seu pequeno grupo de seguidores em um público mais amplo: um reality show e a pandemia global.

No seriado *Sozinhos*, os participantes são deixados em pontos isolados na natureza, onde precisam sobreviver por meses a fio. Eles podem desistir a qualquer momento e ser resgatados por um helicóptero, mas quem aguentar até o final ganha um prêmio considerável em dinheiro. (Como se trata de um reality show, os participantes recebem várias câmeras e instruções para gravar suas tentativas de procurar frutas silvestres e evitar ursos pardos.)

Thibeault participou da sexta temporada do programa e encerrou sua jornada no Círculo Ártico após 73 dias. Ela retornou para uma temporada especial só com "estrelas", em que se tornou a primeira mulher a vencer, além de estabelecer um recorde de dias acumulados sozinha na selva.

A primeira temporada com Thibeault foi ao ar em 2020, em plena pandemia. Mais de 3 milhões de pessoas com tempo livre assistiram ao programa naquele ano, impulsionando a visibilidade de Thibeault.

Atualmente, ela oferece uma variedade de experiências online para sua base crescente de fãs, incluindo uma assinatura no Patreon e vários cursos sob demanda. A experiência principal, no entanto, é um curso de aprendizado baseado em coorte que ela realiza duas vezes por ano, chamado Buckskin Revolution Academy.

A inscrição no curso principal custa US$287 e esgota rapidamente todas as vezes que abre. Quer saber como comer animais atropelados de forma segura? Ela tem as respostas. Precisa acender uma fogueira mas não tem isqueiro? Isso está na segunda semana do curso.

Em outro curso, por apenas US$92, os alunos podem aprender os fundamentos da confecção com peles. Para aqueles que desejam avançar ainda mais, há um curso especializado sobre transformar peles de veado cruas em "Pele de Veado Curtida Corretamente". Durante essa experiência, que dura três dias, "todos participarão ativamente de cada etapa do processo de curtimento, incluindo preparação da pele, raspagem, tratamento, amaciamento e defumação", conforme a descrição do curso.

A Buckskin Revolution cresceu exponencialmente durante a pandemia por vários motivos. Além das pessoas estarem mais acostumadas com reuniões remotas, o desejo de aprender habilidades de sobrevivência se tornou mais urgente. Com tantas pessoas confinadas em casas, o anseio de se conectar com a natureza, seja na forma de habilidades, hobbies ou como um plano B para o apocalipse, explodiu.

À medida que sua fama e seguidores continuavam a crescer, Thibeault expandiu seu alcance para um novo tipo de ensino em habilidades de sobrevivência. Ela começou a oferecer serviços de consultoria para aspirantes a participantes do *Sozinhos*, bem como para autores, produtores e cineastas "trabalhando para criar um livro, programa de televisão, filme ou algo semelhante que envolva aspectos de sobrevivência na natureza, habilidades ancestrais, vida autossustentável ou a própria vida fora da rede".

Cursos Online Enormes que Quase Ninguém Termina

Em 2008, a educação superior passou por uma verdadeira transformação. Pelo menos, foi a impressão deixada pelos artigos entusiasmados nas mídias, que descreviam a popularidade de uma nova inovação: os cursos online abertos e massivos, conhecidos como MOOCs. Eram cursos gratuitos, acessíveis a qualquer pessoa e ministrados por professores de algumas das universidades mais prestigiadas do mundo. E, por serem virtuais e não limitados pelas restrições de uma sala de aula física, podiam atrair dezenas de milhares de alunos ávidos — e muitos, de fato, atraíam.

Em alguns casos, *centenas de milhares* de estudantes se inscreviam em um único curso. Um professor chinês, que ensinava mais de 50 mil alunos por trimestre, ficou tão encantado com esse novo modelo que acabou largando o emprego tradicional para se dedicar ao curso em tempo integral.

O modelo MOOC foi pioneiro na Universidade de Manitoba em 2008 e logo passou a incluir ofertas de Harvard, Stanford, MIT e muitas outras instituições de elite em todo o mundo. Em alguns casos, os cursos eram até considerados equivalentes aos principais cursos presenciais das universidades — aqueles com inscrições extremamente concorridas —, mas estavam disponíveis para qualquer pessoa que gastasse 10 minutos do seu dia para se inscrever.

Você conhece o ditado “Conhecimento é poder.” O poder agora estava democratizado! Qualquer pessoa podia obter uma educação de Harvard sob demanda, de graça. Certamente todas as universidades tradicionais iriam à falência em breve. A paz na terra estava próxima.

Os MOOCs prometiam revolucionar o mundo da educação superior — e, por um breve período, quase conseguiram. Mas, a longo prazo, acabaram sendo menos revolucionários do que se previa.

As instituições que permitiram a transmissão gratuita de seu conteúdo temiam que os MOOCs desvalorizassem a experiência presencial — aquela que é vendida por US$40 mil ou mais ao ano para jovens estudantes tradicionais que frequentam o campus. No entanto, acabaram temendo a coisa errada. O fato de qualquer pessoa poder assistir todas as aulas do MIT online de graça não resultou em menos pessoas querendo frequentar o MIT. Pelo contrário, as aulas gratuitas funcionaram como uma ferramenta de geração de leads que atraiu *mais* pessoas interessadas em se inscrever.

Então, o que aconteceu? Em poucas palavras, o hype esfriou. Na teoria, os MOOCs eram revolucionários, mas, na prática, revelaram um problema flagrante.

Esses eram os melhores cursos, ministrados pelos professores mais capacitados, em instituições altamente seletivas.

E você podia fazê-los de graça. Podia assisti-los em um tablet ou smartphone. Era incrivelmente fácil!

Porém, tão ou mais fácil que assistir a um curso era inscrever-se nele e nunca mais comparecer. A grande maioria dos estudantes — às vezes mais de 95% — nunca retornava depois de algumas aulas introdutórias e, em alguns casos, apenas um quarto dos que compraram um curso sob demanda *sequer fazia login*. Estudos consistentemente apontam que a taxa média de conclusão dos MOOCs está entre 5 e 15%. Deixe-me reiterar isso: *até 19 em cada 20 alunos desistiam dos cursos.*

Em comparação, algo em torno de 60% dos estudantes que se matriculam na faculdade obtêm seus diplomas. Mesmo entre as faculdades comunitárias, que geralmente têm estudantes que precisam trabalhar em tempo integral e cuidar de filhos, a taxa de graduação é de cerca de 40%.

Claramente, algo deu errado.

Foi Porque Eram Gratuitos? (Não)

Na época, muitos atribuíram a taxa de conclusão deplorável ao fato de os MOOCs geralmente serem gratuitos, possibilitando que qualquer pessoa se inscrevesse por impulso, sem nenhum incentivo para dar prosseguimento. Intuitivamente, essa teoria faz sentido: quando descobri o Coursera pela primeira vez, que oferece um grande número de cursos introdutórios ministrados por professores de universidades renomadas, fiquei fascinado. Inscrevi-me em um curso de história mundial e assisti religiosamente até o final.

Depois, me inscrevi em um curso de direito constitucional e outro de programação em Python. Não passei do segundo vídeo em nenhum dos dois. Por que deveria? Se ficasse entediado, havia muitos outros para escolher.

Talvez, se tivesse algo em jogo, faria diferença. Ou, se eu tivesse que pagar por esses cursos, não os teria abandonado tão rápido. Por outro lado, uma vez comprei um curso de marketing online que custou mais de US$1 mil e nunca assisti. E estou longe de ser o único.

Acontece que colocar um preço nos cursos não aumenta as taxas de conclusão da conforme o esperado. Mesmo pagando uma quantia considerável, muitas pessoas que se inscrevem em cursos online não os concluem. E essa não é a exceção; é a regra.

À primeira vista, parece estranho: por que as pessoas gastariam dinheiro em produtos educacionais que nunca usam? Mas isso não é tão diferente de pagar US$100 por mês em uma academia que você acaba frequentando apenas uma ou duas vezes por ano.

Como alguém que ensinou e vendeu muitos cursos, também estive do outro lado da moeda. Quando estava começando como criador de cursos, às vezes recebia pedidos de redefinição de senha e descobria que o comprador nunca havia definido uma, para começo de conversa. Isso parecia incomum, especialmente quando mais de um ano havia se passado desde a compra.

O problema é que a própria vantagem da educação sob demanda ("Compre agora e acesse a qualquer momento!") também se torna uma barreira para consumir o conteúdo e realizar as atividades. Como você pode acessar as informações a qualquer momento, tende a adiar para depois — sobretudo quando se estabelece um ritmo próprio de aprendizado, sem ninguém para supervisionar ou acompanhar seu progresso.

Boas intenções não são suficientes para alcançar mudanças duradouras. E, dada a escolha entre assistir a vídeos de cursos educacionais ou a uma série viciante, talvez seja natural que as pessoas adiem a experiência do curso indefinidamente.

Transformação, Não Informação

Mesmo que as vantagens dos MOOCs não tenham sido tão transformadoras quanto prometido, é justo dizer que eles "democratizaram a informação", pelo menos, até certo ponto. Contudo, O problema é que, para realmente aprender algo, o mero acesso à informação não costuma ser suficiente.

Imagine que esteja determinado a finalmente aprender espanhol. Você investe em um programa caro de aprendizado de idiomas, comprometendo-se. Mas, de alguma forma, você se desvia do caminho. Talvez fique ocupado, entediado ou perceba que não vai dominar o idioma tão rápido quanto pensava. Agora você se sente pior do que antes de começar, mas não pede reembolso, sentindo que a culpa é sua.

Se você vende programas de aprendizado de idiomas, poderia simplesmente aceitar que isso é comum entre muitos compradores. Ou poderia se questionar: o que aconteceria se você fizesse tudo o que pudesse para melhorar a experiência de aprendizado, para que mais compradores *quisessem* continuar?

Você poderia começar com um *plano de integração eficaz*, garantindo que os alunos se adaptem rápido e comecem imediatamente a primeira lição. Poderia adicionar *elementos de gamificação*, em que conquistar medalhas por completar lições dentro de prazos específicos se tornasse uma meta. Poderia criar um processo de *envolvimento e acompanhamento*, no qual você mesmo ou um assistente verificasse regularmente o progresso dos alunos. Nenhuma dessas soluções resolve todos os problemas, mas todas ajudam.

No final, você não terá apenas transmitido um conjunto de informações, mas, sim, ajudado alguém a alcançar um objetivo importante.

Em outras palavras, terá agregado um valor muito maior e, por tabela, seus alunos se tornarão seus defensores. "Seu espanhol é excelente!", dirão os amigos deles. "*¡Gracias!*", responderão eles. "Aprendi muito com esse programa ótimo que comprei recentemente... vou te enviar o link".

É a virada de chave para a qual o ensino online está caminhando: *transformação, em vez de informação*. Os criadores que compreenderem esse princípio estarão no caminho certo para o sucesso.

Educação Online: Da Pré-História aos Dias Atuais

A evolução da criação de cursos individuais online seguiu estágios semelhantes aos da arqueologia da civilização humana pré-histórica. Podemos categorizá-los como a Idade da Pedra, a Idade do Bronze, a Idade do Ferro e, atualmente, a Era Moderna.

Idade da Pedra — Vantajosa para os pioneiros

Os primórdios do ensino online foram um período promissor para os criadores. Alguns produtos vendiam excepcionalmente bem. Meu amigo, Joel Runyon, por exemplo, ganhou uma renda de seis dígitos por vários anos apenas com a venda de um ebook sobre como conseguir "abdomens impossíveis". Era simples assim — depois de escrever e publicar, ele só precisava receber pagamentos e, às vezes, responder a perguntas de suporte.

Outro amigo vendia ebooks sobre como escrever ebooks, uma abordagem metalinguística que também lhe rendeu muito dinheiro. Hoje, como já deve ter percebido, ganhar dinheiro com "e-produtos" não é mais tão simples. Afinal, para quem busca ficar em forma, as mesmas informações estão disponíveis gratuitamente em vídeos curtos no YouTube. O ebook de abdominais de Joel foi o produto certo na hora certa, mas o tempo e a tecnologia avançaram desde então.

Idade do Bronze — Vantajosa para as plataformas e, até certo ponto, para os criadores

Durante a Idade do Bronze, sociedades humanas em toda a Europa, no Antigo Egito e na Ásia desenvolveram um dos primeiros processos industriais conhecidos para a produção de metais, originando diversos mercados regionais em que se comercializava itens de bronze. Da mesma forma, na Idade do Bronze do ensino online, surgiram várias plataformas como Udacity, Skillshare, Coursera e CreativeLive. Elas funcionavam como mercados em que muitos criadores individuais podiam disponibilizar seus talentos à venda. Promoviam e hospedavam cursos, pagando uma parte da receita aos criadores e retendo uma parcela significativa para si.*

Mas, em geral, as plataformas se beneficiavam mais do que os criadores individuais. De fato, os objetivos de ambos entravam em conflito. Financiadas normalmente por capital de risco, as plataformas buscavam, acima de tudo, expandir sua base de usuários. Os criadores eram vistos como subcontratados que viabilizavam esse crescimento. Quanto mais criadores hospedassem, mais usuários as plataformas atrairiam — esse era o raciocínio. E talvez estivessem certas, pelo menos, de início. No entanto, os verdadeiros ônus dessa estratégia recaíam sobre os criadores. Se você oferecesse um curso sobre patchwork em camisetas ou afinação de tambores, e a plataforma continuasse adicionando mais cursos sobre o mesmo tema, sua participação nos lucros acabava sendo diluída.

* Em alguns casos, os criadores ganham apenas 5% dos lucros nas plataformas de marketplace.

Claro que os criadores não gostavam da natureza transacional desse relacionamento (nem da divisão desigual dos lucros), mas não tinham muitas opções. As plataformas simplificaram alguns aspectos e permitiram que alcançassem mais alunos, pelo menos, em teoria. Alguns criadores se deram muito bem com isso; muitos outros, no entanto, tiveram resultados apenas *medianos*.

Idade do Ferro — Melhor para os criadores, mas não ideal

Reconhecendo o desequilíbrio existente, uma nova onda de startups surgiu, comprometida em atender às necessidades dos criadores. Elas ofereceram (ou melhor, *venderam*) as ferramentas necessárias para que os criadores tivessem maior controle sobre o processo de criação de cursos, assim como uma parcela maior dos lucros — como na Idade do Ferro, quando avanços na produção de metais proporcionaram uma variedade de ferramentas avançadas acessíveis às massas.

Empresas como Thinkific, Teachable e ConvertKit, entre outras, ajustavam os preços de acordo com o uso. Dessa forma, os criadores de sucesso pagavam taxas mais altas, mas ganhavam o suficiente para compensar o custo. Em suma, os criadores passaram a ter mais controle sobre suas criações e ganhos.

Até aqui tudo bem... mas algo ainda estava faltando.

O que Está Faltando? Alunos!

Havia um problema que nenhum desses modelos abordava diretamente: nenhum se concentrava precisamente no que os alunos online queriam.

Eu costumava acreditar que a "conveniência" dos cursos online era o principal motivo pelo qual as pessoas estavam dispostas a pagar, mas já não tenho certeza se essa suposição ainda é válida. Claro, a conveniência tem seu valor, mas não chega a ser uma vantagem competitiva. Assim como a Amazon transformou o envio rápido e gratuito em um padrão — "Como assim vai demorar uma semana para chegar?!" — a capacidade de consumir conteúdo onde e quando quiser se tornou um padrão.

Estamos agora em uma quarta fase da criação de conteúdos educacionais, em que os vencedores são aqueles que oferecem algo mais valioso do que o acesso conveniente e fácil à informação: eles se dedicam a criar *experiências transformadoras* para seus alunos.

O que realmente importa no ensino online hoje é o *impacto*. Não se trata apenas de fornecer informações precisas; trata-se de garantir que as informações relevantes sejam absorvidas e aplicadas efetivamente.

Os dias de ganhar centenas de milhares de dólares em ebooks sobre abdômens sarados chegaram ao fim, pelo menos, para a maioria das pessoas. No entanto, o mercado de e-learning está longe de estar morto: segundo estimativas, em breve, alcançará a marca dos US$325 bilhões por ano.

Os criadores de cursos mais bem-sucedidos atualmente acreditam que o modelo de curso baseado em coorte (CBC) combina as vantagens dos modelos de marketplace e de ferramentas com uma abordagem experiencial para ajudar os alunos a alcançar os resultados desejados.

Vejamos um criador que percebeu essa mudança e aproveitou a oportunidade desde o início.

Construindo um Segundo Cérebro

Tiago Forte poderia ter sido diplomata, e quase foi. Como cresceu em uma família metade brasileira, metade filipina, no Condado de Orange, aprendeu diversos idiomas e estudou uma ampla gama de assuntos. Após se formar na faculdade, serviu no Corpo da Paz por 2 anos e, em seguida, trabalhou como analista júnior para uma startup francesa.

Apesar de todas essas experiências, um tema persistia em sua vida: um amor pelo conhecimento, mas uma sensação de sobrecarga ao tentar gerenciá-lo. Tiago adorava aprender, mas ficava frustrado com a dificuldade de reter o que absorvia. "Sentimos essa pressão constante para nos aprimorar," escreveu ele em um post no seu blog, "mas grande parte do que consumimos entra por um ouvido e sai pelo outro". Determinado a mudar isso, ele decidiu criar um sistema que o ajudasse a organizar e aplicar todas as informações que absorvia.

Paralelamente, Tiago enfrentava uma doença misteriosa que surgiu repentinamente. Após visitar vários médicos em uma série interminável de consultas, nenhum conseguiu chegar a um diagnóstico, muito menos a uma cura.

Em certo momento, ele começou a realizar as próprias pesquisas. Conversou com especialistas, estudos revistas médicas e realizou numerosos testes diagnósticos. Sem um arquivo central para todas as suas consultas médicas, decidiu criar um, digitalizando seus registros de paciente com anos de anotações e observações pessoais. Ele categorizou todo esse conteúdo para facilitar o acesso futuro às informações revelantes. Essa experiência o levou a refletir mais seriamente sobre a gestão do conhecimento pessoal e, em pouco tempo, desenvolveu um sistema para lidar eficazmente com grandes volumes de informações.

Encorajado por seus colegas, Tiago Forte decidiu transformar seu método em um curso. O que começou como uma simples prova de conceito rapidamente evoluiu para algo maior: um curso baseado em coorte intitulado "Building a Second Brain" (Construindo um Segundo Cérebro).

O curso foi desenvolvido com foco em interações ao vivo com os alunos, ao invés de utilizar materiais pré-gravados. "Com o ensino ao vivo, não há onde se esconder", observou Tiago. Ele também organizou os alunos em pequenos grupos a fim de promover interação durante as sessões de ensino. Em termos de startup: a responsabilidade compartilhada se tornou uma vantagem competitiva.

À medida que Tiago conduzia novas turmas, a demanda aumentava. Então, quando a maioria das pessoas ficou confinada em casa durante grande parte de 2020, o negócio explodiu. Em uma das coortes atraiu mais de mil alunos pagantes.

Os preços de matrícula começam em US$1,500, com a opção de pagar mais por níveis superiores que oferecem suporte personalizado. Financeiramente, isso se traduz em milhões de dólares, provenientes de um curso online que Tiago oferece apenas duas ou três vezes por ano.

MELHORES VÍDEOS DE GATOS EM 30 DIAS

Seus vídeos de gatinhos estão sofrendo com imagens borradas ou modelos pouco cooperativos? O novo curso "Melhores Vídeos de Gatos em 30 Dias" pode te ajudar!

O curso inclui:

- 12 módulos de vídeo sob demanda (assista quando quiser);
- 5 reuniões de Q&A semanais no Zoom;
- Acompanhamento por 60 dias após o curso;
- Uma comunidade privada para compartilhar dicas, histórias e receitas de catnip.

Ao final do curso, você terá adquirido um conhecimento incrível e se sentirá mais confiante em suas habilidades de videografia.

Preço: US$10 mil

Inscreva-se agora e prepare-se para viralizar!

Quer Ensinar um Curso Baseado em Coorte? Torne-se um Maven

Maven (maven.com) não é apenas um programa acelerador para criadores de cursos, mas também uma plataforma que oferece uma ampla gama de cursos baseados em coorte para seus usuários. Ao se capacitar por meio do Maven, você não só desenvolve habilidades para criar e comercializar cursos, mas também ganha acesso a uma grande comunidade de usuários (com o Maven recebendo uma parte dos seus ganhos). O foco da plataforma é tecnologia e startups, mas também oferece opções em áreas como aprendizado de idiomas e desenvolvimento de marca pessoal. Alguns exemplos incluem:

- Relatórios Financeiros Explicados de Forma Simples;
- Bootcamp de Pesquisa com Usuários;
- Medindo o Desempenho de Equipes de Desenvolvimento;
- Torne-se um Líder da Web3;
- Escrita Social Impactante.

Todos esses cursos são baseados em coorte. Ou seja, os participantes se inscrevem em datas específicas de início e término e, juntos, participam regularmente de sessões online. É a principal diferença entre o Maven e muitas outras ferramentas para "criadores de cursos", pois valoriza os aspectos únicos do modelo baseado em coorte.

Como Transformar Vidas

Você pode estar pensando: *Ótimo, tudo que preciso fazer é descobrir como transformar a vida das pessoas, e estarei preparado!* Pode parecer intimidante à primeira vista, mas, na verdade, não é tão difícil assim. As características da aprendizagem transformativa são acessíveis e podemos identificá-las facilmente.

1. **Mantenha uma mentalidade centrada no "aluno em primeiro lugar".** Pergunte-se sempre *O que é melhor para os alunos?* em cada etapa do processo. Ao escolher um tema, evite perguntar *O que estou mais interessado em ensinar?* Prefira questionar *O que as outras pessoas querem aprender?*

   Os melhores temas têm benefícios claramente definidos. Tópicos que têm aplicação prática no ambiente de trabalho são sempre vantajosos, especialmente porque os participantes do curso às vezes podem ser reembolsados por seus empregadores.

   As vantagens que seu curso oferece também influenciarão o preço que pode cobrar. Por exemplo, é provável que possa cobrar mais por um curso online que ajuda traders de fundos de hedge a serem mais eficazes na escolha de ações de tecnologia do que por um curso que ensina aspirantes a artesãos a tricotar meias.

   Lembre-se da Miss Excel, a sensação do TikTok que ganha milhões de dólares com cursos sobre o uso de planilhas: seus cursos proporcionam um benefício claro (maior produtividade, menos frustração) que justifica um preço premium.

2. **Foque os resultados.** Depois de decidir o que deseja ensinar, o próximo passo é estruturar o material em uma série de lições modulares.

   Em geral, cada lição inclui um método principal para transmitir o conteúdo (normalmente palestras em vídeo), complementado por materiais adicionais disponíveis em diferentes formatos.

   Uma forma eficaz de manter o foco nos resultados é estabelecer um objetivo claro (ou "objetivo da aprendizagem") para cada lição, vídeo, discussão em sala de aula ou outro componente do curso. Uma formulação típica para isso é:

> **Após assistir a este breve vídeo, os alunos serão capazes de [realizar algo específico].*

Mantenha uma lógica de objetivos da aprendizagem concisa e progressiva. Por exemplo, em um curso de finanças pessoais, um objetivo para um módulo poderia ser "Os alunos aprenderão a depositar parte de seu salário diretamente em uma conta poupança para a aposentadoria".

Evite estabelecer objetivos muito amplos para um único módulo, como "Os alunos aprenderão a criar e manter um orçamento". Esse processo envolve muitos passos. Ao manter um objetivo claro para cada vídeo (ou módulo, lição, discussão, etc.), os alunos experimentam um senso de realização após concluir cada um deles.

3. **Não explique tudo de uma vez.** Para criar um curso baseado em coorte eficaz, é necessário transferir uma habilidade ou conjunto de conhecimentos que você domine para os alunos. Contudo, enfatizo que é importante focar uma habilidade ou um conjunto específico — não dezenas deles. Resistir à tentação de ensinar tudo o que sabe sobre um assunto é fundamental. A menos que estejam inscritos em um curso de reforma de casas, os alunos não querem ser bombardeados com um excesso de informações!

   Você pode se sentir tentado a "ir além" ou demonstrar todo seu conhecimento avançado, porém é melhor fornecer aos alunos apenas os fundamentos necessários. O objetivo é qualitativo, não quantitativo. Ao mesmo tempo, não assuma que seus alunos têm conhecimento prévio sobre o tema além do básico. Só porque algo é óbvio para você, não significa que seja para eles — por isso, você está ensinando e eles estão aprendendo.

Lembre-se, não se trata de você, mas, sim, deles! Seus resultados dependerão, em última análise, da sua capacidade de fornecer resultados significativos para eles.

4. **Esteja presente.** Não se trata apenas de ministrar o curso; você também precisa estar disponível para responder perguntas, atualizar conteúdos e, de maneira geral, manter a motivação dos alunos em alta.

   Durante o curso Building a Second Brain com Tiago, fiquei impressionado com a quantidade de pessoas que participavam das palestras semanais — especialmente porque algumas delas eram ex-alunos que já tinham passado por aquele conteúdo.

   Foi nesse momento que percebi que os alunos não estavam ali *apenas* para aprender (ou relembrar) técnicas específicas. Eles buscavam também o senso de comunidade e conexão que Tiago cultivava — algo autêntico e que não pode ser simulado.

   O aspecto comunitário dos cursos baseados em coorte é essencial. Por isso, além de estar disponível para seus alunos, considere organizar encontros online regulares em que os participantes possam interagir e fazer perguntas entre si.

5. **Enfoque o aspecto narrativo.** Este princípio se aplica tanto aos vídeos que você grava para o curso quanto aos usados para marketing. Postar algumas vezes nas redes sociais e esperar por muitas inscrições não é uma estratégia eficaz. Seja passional e explique claramente o problema que seu curso pretende solucionar e por que alguém deveria se inscrever nele.

   No curso, desenvolva um arco narrativo que guie os alunos em uma jornada da identificação do problema até a descoberta da solução. Na Buckskin Academy, por exemplo, Woniya Thibeault narra uma jornada de autossuficiência e conexão com a natureza ao longo de todo o curso. O objetivo é fazer com que os alunos se lembrem da inspiração inicial que os levou a se inscrever, à medida que avançam por cada módulo.

UM GUIA RÁPIDO PARA CRIAR MATERIAIS DE CURSO

Depois de definir seu tema e planejar como apresentá-lo, é hora de colocar a mão na massa.

O tempo necessário para esse processo pode variar de uma semana a vários meses, dependendo do conteúdo que você vai ensinar. Quanto mais conseguir dividir tudo em listas de verificação, mais simples será o processo.

Por exemplo, se você está desenvolvendo uma série de vídeos, você precisará:

- Listar cada vídeo que será produzido;
- Estabelecer um objetivo de aprendizagem para cada vídeo (o que os alunos serão capazes de fazer após assisti-lo?);
- Elaborar um roteiro para cada vídeo (evite improvisar);
- Planejar a filmagem de cada vídeo;
- Ensaiar, filmar e editar cada vídeo;
- Integrar os vídeos na plataforma do curso, garantindo que os alunos possam acessá-los;
- Definir um cronograma para o lançamento de cada vídeo;
- Preparar qualquer sessão ao vivo com roteiros ou pelo menos um esboço detalhado do que será ensinado.

É Bom que Seja Desafiador (Senão, Todo Mundo Faria)

As barreiras para ganhar dinheiro com o ensino online nunca estiveram tão baixas. No entanto, ao mesmo tempo, o padrão de *qualidade* foi elevado — e isso é ótimo! É verdade que demanda mais trabalho projetar um curso verdadeiramente imersivo, mas quando você o faz, *os alunos realmente aprendem.*

Como educador online em busca de remuneração pelos cursos que cria, você tem algumas opções: a) oferecer uma experiência medíocre e torcer para que ninguém perceba, ou b) estudar o que caracteriza uma experiência de aprendizagem online *de excelência* e adicionar seu toque criativo.

Com a opção b), você poderá cobrar preços mais altos, confiante de que não é apenas o marketing que está vendendo sua experiência, mas, sim, o tipo de transformação que você proporciona. Quanto mais cuidado você dedicar ao planejamento do seu curso, mais difícil será copiá-lo, pois ele será único e autêntico.

Faça isso com excelência e terá criado um fosso — para usar outro termo do mundo das startups — que serve como uma barreira contra a concorrência. Construir um fosso pode levar tempo, mas uma vez estabelecido, você estará protegido dos concorrentes e pronto para prosperar.

Capítulo Onze

Compre Este Livro para Acabar com o Capitalismo

CONCEITO: pesquisas indicam que o capitalismo é tão popular quanto um tratamento de canal para a maioria da Geração Z, que rejeita a tradicional troca de trabalho por salários. O movimento "antitrabalho" busca reequilibrar o poder entre empregadores e empregados, enquanto outros tentam revitalizar a economia de escambo. Paralelamente, um exército de investidores amadores adota uma abordagem diferente para a redistribuição de riqueza e poder.

No verão de 2020, uma mulher negra chamada Moirha Smith criou um documento no Google em que outras pessoas negras poderiam se inscrever para receber pagamentos voluntários de pessoas brancas: um experimento em "Reparações DIY (faça você mesmo)", como mais tarde foi chamado em um episódio da NPR.

Foi nesse verão que os protestos do Black Lives Matter ocorreram por todo o país. No estado natal de Smith, Vermont — o mais branco do país — a maioria dos manifestantes eram brancos. Smith notou que alguns estavam nas ruas menos por um compromisso genuíno com mudanças sistêmicas e mais porque "era a coisa legal a se fazer". Então, com alguns amigos, ela decidiu lançar um desafio para as pessoas brancas, convidando-as a demonstrar coerência em suas ações e a doar diretamente para os negros de Vermont.

Nos dois meses seguintes, dezenas de milhares de dólares foram transferidos, provocando muitas conversas difíceis, porém necessárias, sobre o que os estadunidenses brancos devem aos descendentes de ex-escravizados.

Claro que redistribuir riqueza por meio de um documento do Google não é a maneira mais eficaz (ou escalável) de corrigir centenas de anos de injustiça racial. Além disso, essas reparações deveriam vir do governo, não?

Mesmo que não tenha sido perfeito, foi um esforço audacioso que fez muita gente refletir. Além do mais, como as reparações governamentais não parecem estar na agenda, esse movimento conseguiu arrecadar muito dinheiro em um curto período de tempo.

Na era do Capitalismo Gonzo, o financiamento coletivo foi reconfigurado, permitindo que a campanha certa ganhasse vida própria e atraísse centenas de milhares de dólares de apoiadores entusiasmados. Antigamente, uma campanha bem-sucedida exigia semanas de planejamento cuidadoso, além de uma série de divulgações à imprensa em busca de cobertura midiática. Embora algumas campanhas ainda se beneficiam desse tipo de abordagem, muitas outras precisam apenas do momento viral certo para prosperar.

Um exemplo bem diferente é o de Brian Kolfage, um veterano da Força Aérea e apoiador de Trump, que iniciou a própria campanha de arrecadação de fundos para "Construir o Muro", na tentativa de ajudar a financiar a obsessão quixotesca do ex-presidente. Kolfage arrecadou muito mais do que esperava — US$25 milhões, para ser mais exato — mas acabou sendo indiciado, com Steve Bannon, por fraudar os apoiadores de sua campanha.

Por mais que os objetivos "Transferir riqueza geracional" e "Construir o muro de Trump" sejam ideologicamente opostos, ambos têm algo em comum: basearam-se em crenças poderosas, fervorosas até, dos grupos que os apoiaram. Essas emoções intensificadas foram usadas para arrecadar grandes somas de dinheiro rapidamente.

Vamos Falar de Capitalismo

Enquanto escrevia este livro, percebi como as mudanças tecnológicas frequentemente caminham lado a lado com mudanças nas atitudes em relação à ordem econômica vigente. (Nem sempre fica claro o que vem primeiro.)

A pandemia causou a maior reorganização de empregos da história. Indústrias inteiras se tornaram obsoletas, algumas temporariamente, outras permanentemente, e milhões de trabalhadores foram demitidos. Governos ao redor do mundo lançaram medidas de estímulo de bilhões de dólares. Era como se o dinheiro tivesse realmente caído do céu!

Com um vírus mortal e misterioso à espreita — e, pelo menos, um bônus inesperado em suas contas bancárias — muitas pessoas aproveitaram a oportunidade para se reinventar e encontrar um novo propósito. Na esteira dos protestos do Black Lives Matter, campanhas como as "Reparações DIY" de Vermont ganharam importância descomunal.

Enquanto isso, os sindicatos voltaram a se popularizar, com esforços de sindicalização em empresas como Amazon e Starbucks, estimulando um aumento nacional na organização trabalhista.

O objetivo comum que unia todos esses movimentos era claro: redistribuir riqueza para grupos sistematicamente explorados. Ou, como alguns desses grupos viam: o poder estava voltando para as mãos do povo, que estava determinado a usá-lo.

Trabalhar ou Não Trabalhar, Eis a Questão

O movimento antitrabalho, com milhões de seguidores nos fóruns do Reddit, busca acabar com o trabalho como o conhecemos — ou, pelo menos, promover discussões sobre o tema. As postagens frequentemente relatam histórias assustadoras de chefes que fazem exigências absurdas aos funcionários, especialmente aos de baixa remuneração. As discussões são dominadas por dicas e apoio aos trabalhadores, geralmente encorajando-os a fazer o mínimo possível, sem serem demitidos. (Ou, às vezes, a serem demitidos e depois processarem a empresa.)

Uma comunidade relacionada, chamada MaliciousCompliance, é repleta de histórias de funcionários que seguiram as exigências de empregadores à risca, mas de formas prejudiciais aos próprios empregadores. Seu chefe insiste que você deve sair às 17h em ponto e nem um minuto antes? Sendo assim, recuse-se a atender o cliente importante que chegar às 17h02. Se um gerente autoritário lhe disser para parar de auxiliar outros departamentos, siga as ordens até que o chefe *dele* peça sua ajuda e fique irritado quando você responder que foi proibido pelo próprio.

À primeira vista, essas comunidades podem parecer o oposto do movimento Overemployed, descrito no capítulo quatro. As pessoas que trabalham secretamente em dois ou mais empregos em tempo integral precisam se esforçar para manter as aparências, enquanto aquelas geralmente contrárias ao modelo empregador-empregado deliberadamente fazem o mínimo possível.

No entanto, vejo mais convergência do que divergência entre esses movimentos. Ambos são métodos subversivos para redistribuir poder e capital dos empregadores para os empregados. A grande diferença é que um deles — o Overemployed— é mais lucrativo.

No geral, hoje, fica claro que muitas pessoas têm visões muito diferentes sobre o capitalismo em comparação com apenas algumas décadas atrás. De fato, como revelou um estudo recente, o socialismo é tão popular atualmente quanto o capitalismo entre os membros da Geração Z.

Na Verdade, O Sistema É o Problema

Devo admitir minha parcialidade aqui: eu me considero um capitalista! Ou, pelo menos, sempre presumi que fosse, e é por isso que acho interessante algumas das recentes retóricas anticapitalistas.

Antes de escrever este capítulo, conduzi uma pesquisa com alguns dos meus leitores para entender suas opiniões sobre o capitalismo, e pude confirmar: eles não são grandes entusiastas do modelo.

Como vários dos meus livros falam sobre ganhar dinheiro, fiquei curioso para entender o que exatamente os tornava atraentes para tantos anticapitalistas ferrenhos. Para complicar ainda mais as coisas, descobri que alguns desses leitores também eram ouvintes assíduos do meu podcast diário, *Side Hustle School*. O objetivo principal do programa é destacar histórias de pessoas que ganham uma renda extra, além de seus empregos principais — ou seja, o capitalismo é o ponto central!

Como alguém pode ser fã de um podcast sobre ganhar dinheiro e, ao mesmo tempo, criticar um sistema econômico que se baseia nesse objetivo? Uma possível explicação é que a concepção que se tem do capitalismo moderno difere significativamente daquela das gerações anteriores.

Então, além de pedir suas opiniões sobre o assunto, também fiz uma pergunta mais direta: "O que é capitalismo?"

Recebi uma enxurrada de respostas para essa pergunta. Algumas ofereceram uma definição simples, saída diretamente de um dicionário, porém muitas outras tinham mais a dizer sobre o tema. Vejamos algumas delas:

Desigualdade de renda e exploração do trabalho.
Busca de lucros acima de tudo.
Bancos controlando quem pode ou não ter dinheiro.
Um sistema que oprime e explora os mais pobres.
Um esquema para os ricos ficarem mais ricos.
Um sistema falho que trata humanos como máquinas.

A lista era extensa. Essas, é claro, eram as respostas negativas. Também recebi respostas positivas, como: "O capitalismo é o sistema econômico que me permite começar e administrar meu próprio negócio". Como sempre pensei dessa forma, estava interessado em ouvir opiniões diferentes das minhas.

Muitos leitores fizeram uma distinção entre a definição de capitalismo presente nos dicionários (um "sistema econômico") e o que chamaram de *capitalismo tardio*: uma versão mais nefasta, associada à concentração de riqueza entre o 1% da sociedade, ao patriarcado e ao racismo.

Segundo o Google Trends, o uso dessa frase triplicou nos últimos anos. Culpar o capitalismo tardio pelos problemas mundanos da vida também se tornou um meme. Derramou seu café? *Obrigado, capitalismo tardio*. Ficou preso em um assento do meio no seu voo? *O capitalismo tardio ataca novamente!*

Há alguns anos, Kendall Jenner protagonizou um comercial da Pepsi que gerou bastante controvérsia. O anúncio começa com imagens de manifestantes marchando nas ruas, seguidas por cenas de policiais uniformizados prontos para intervir. Jenner se aproxima de um policial e lhe entrega uma lata de Pepsi — subitamente, o potencial confronto entre ativistas e policiais é evitado, dando a impressão de que tudo está resolvido.

Quase imediatamente, o comercial foi criticado por tentar capitalizar a ação cívica ao mesmo tempo em que minimizava o movimento Black Lives Matter e o grave problema da brutalidade policial. A ideia de que uma bilionária como Kendall

Jenner, e uma enorme corporação como a Pepsi, poderiam unir as pessoas foi considerada ofensiva, e o anúncio foi tirado de circulação. A indignação gerada revela muito sobre o que as pessoas odeiam no capitalismo moderno — o fato de os ricos *continuarem* enriquecendo enquanto banalizam os problemas de todos os outros.

Ao juntar essas peças, comecei a formular a teoria de que ser anticapitalista e querer ganhar dinheiro não são ideologias opostas. Afinal, se o jogo já está manipulado contra você, a estratégia mais sensata seria aprender a encontrar vantagens e aproveitar o máximo que puder para si.

É uma combinação peculiar, assim como tantas outras coisas na era do Capitalismo Gonzo. Se você pensar *demais* a respeito, pode acabar tendo uma dor de cabeça. No entanto, ao considerar essas contradições dentro do contexto apropriado, tudo começa a fazer sentido.

"ESSES ANÚNCIOS SÃO UM SACO?"... "NÃO! QUEREMOS MAIS!"

Apesar de não ser contrário ao modelo capitalista, sempre evitei endossar marcas ou trabalhar com grandes corporações. Orgulhava-me da minha independência e presumia que muitos dos meus leitores esperavam que eu continuasse assim.

Por isso, inicialmente hesitei em ingressar no mundo dos podcasts, que depende bastante de publicidade. O modelo é bem estabelecido: o conteúdo é gratuito para os ouvintes, mas sustentado por anunciantes. Eu temia, no entanto, que meus leitores pensassem que eu havia me vendido. Imaginava receber uma enxurrada de críticas de fãs decepcionados.

Para minha surpresa, não apenas ninguém reclamou quando comecei a fazer podcasts, como alguns leitores até pareceram gostar desse modelo. Ao final da primeira temporada do programa, durante a turnê de lançamento de um livro, uma mulher se levantou espontaneamente para agradecer por tê-la apresentado ao produto de um dos meus patrocinadores. Fiquei chocado.

Agora, após 5 anos apresentando o programa, entendi do que se trata: contanto que você não exagere a ponto de se tornar irritante, parece que a maioria das pessoas está disposta a ouvir alguns anúncios em troca de conteúdo gratuito.

Uma Ideia Inovadora que Promete Mudar ~~Tudo~~ Quase Nada

Outro exemplo de movimento que busca reformular o capitalismo (ou, pelo menos, reimaginá-lo) é conhecido como DAO — uma *organização autônoma descentralizada*, em que todos os membros têm igual poder de governança, ao invés de serem liderados por executivos ou por algum corpo de liderança secreto.

As DAOs geralmente se organizam em torno de um projeto ou objetivo específico. Por exemplo, ao emitir um token de criptomoeda, você pode criar uma DAO para arrecadar fundos, gerenciar registros de transações e facilitar transferências.

Às vezes, líderes são eleitos pelos membros de uma DAO, enquanto em outros casos não existem papéis formais de liderança. Qualquer pessoa pode propor uma ideia para o grupo votar, e a maioria determina as diretrizes.

Participar de uma DAO significa se envolver em sua governança. Na prática, é contribuir em discussões e ter um papel na tomada de decisões. A visão utópica das DAOs é a de que "Todos têm voz ativa!"

Uma visão mais cética seria a de que é difícil alcançar decisões por consenso com milhares de pessoas, o que inevitavelmente leva à emergência de líderes efetivos que acabam por guiar o rumo. Além disso, embora todos possam ter voz ativa, essa voz não é exatamente *igualitária*: quanto mais ações ou tokens você detém em um protocolo descentralizado, geralmente mais poder de voto tem. Protestos, revoltas e disputas de poder também são comuns — como em outros tipos de organizações.

Além do mais, as DAOs dependem de tecnologias complexas, como registros em blockchain e bancos de dados distribuídos, para operar de maneira eficaz. Em grande parte, como a maioria dos membros é anônimo, e os ivestidores não entendem a tecnologia que embasa este sistema, é compreensível que até os defensores mais fervorosos de produtos financeiros descentralizados sejam cautelosos em participar.

Como resultado, muitas tentativas de levantar grandes quantias de dinheiro — como a iniciativa de um grupo de fãs de futebol americano que criou uma DAO para comprar o Denver Broncos — não deram certo. Em um exemplo notável, uma DAO formada para adquirir uma rara primeira edição da Constituição dos EUA, em leilão na Sotheby's, conseguiu angariar US$47 milhões de 17 mil contribuintes em menos de 72 horas, mas acabou perdendo para o fundador de um fundo hedge. Portanto, se as vozes mais influentes têm maior peso e os membros de maior status têm maior influência na tomada de decisões, isso realmente difere tanto de outros tipos de entidades?

COMO FRAUDAR A ELEIÇÃO EM UMA DAO

Com o poder de voto determinado pela quantidade de ações ou tokens que você detém, pode-se argumentar que as eleições em DAOs já estão inclinadas a favorecer os mais ricos.

Ainda assim, mesmo se você tiver uma participação mínima em uma DAO, há algumas estratégias comprovadas que podem fazer seu voto contar.

- **Organize uma coalizão e garanta seus votos com antecedência.** O ímpeto muitas vezes leva à vitória, então mobilize grupos de apoiadores para votar o mais cedo possível. Como os resultados são mostrados em tempo real, qualquer um que acesse o site de votação verá que você está ganhando com uma grande vantagem.

- **Proponha uma votação com opções ruins.** Deveríamos hackear o tesouro da organização e fugir com o dinheiro, ou simplesmente hackeá-lo e manter o dinheiro para nós mesmos? É uma democracia, afinal — você decide!

- **Divida o voto criando duas versões da opção menos popular.** Vi isso acontecer em uma votação sobre como disciplinar um fundador que cometeu um grande erro, causando prejuízos significativos à comunidade. As opções eram:

A. Remover completamente o fundador da equipe executiva.

B. Manter o fundador na equipe executiva, mas retirá-lo de seu cargo como CEO.

C. Não tomar nenhuma ação.

Neste caso, os votos para A e B acabaram sendo divididos, o que resultou na prevalência da opção C — não tomar nenhuma ação. Isso ilustra que o princípio de governança "pelo povo" funciona tanto em uma organização descentralizada quanto no mundo real. Ou seja, às vezes, não funciona.

Um Breve Guia sobre Manipulação de Preços de Ações

Nem todos os anticapitalistas odeiam o capitalismo — pelo menos, não a parte que envolve o mercado de ações. Na verdade, alguns o abraçam de forma quase obsessiva.

Já ouviu a história da GameStop, quando 8 milhões de pessoas no Reddit se uniram para apoiar uma rede decadente de lojas de videogames? O objetivo era lucrar com um desequilíbrio de posições vendidas a descoberto por fundos de hedge, mas elas também se sentiram motivadas pela ideia de "cidadãos comuns" com contas de day-trading derrubando os grandes players que apostavam alto na queda do preço das ações da empresa.

É ilegal que você e eu conspiremos para elevar o preço de uma ação. No entanto, mesmo deixando de lado essa legislação irritante, é improvável que possamos comprar o suficiente para influenciar o preço de uma ação por conta própria, a não ser que você tenha muito mais dinheiro do que eu.

Suponha que eu e você gostamos da Buzzard Co, uma agência de marketing fictícia que cria uma rede social por meio de um aplicativo que facilita aos usuários enviarem links de referência para seus amigos. Juntos, decidimos coordenar nossa compra de ações, tentando cronometrá-la para que a ação pareça estar em uma tendência de alta mais forte do que realmente está. Em seguida, tentamos atrair outros investidores, usando o próprio aplicativo da empresa para enviar spams em centenas de fóruns com posts elogiando os benefícios da Buzzard Co e explicando por que suas ações são um ótimo negócio.

Podemos chamar isso de investimento ativista, mas a SEC (Comissão de Valores Mobiliários dos EUA) consideraria manipulação de preço e, se funcionasse bem o suficiente, ou se o repetíssemos com frequência suficiente (com outras ações, por exemplo), em algum momento arrumaríamos algum problema.

Agora, imagine que não somos apenas você e eu. Ao contrário, fazemos parte de um grupo vagamente afiliado com centenas de milhares, ou talvez até milhões, de pessoas que decidem comprar ações da mesma empresa no mesmo dia, coordenando nossos esforços por meio de um aplicativo ou rede que permite que todos permaneçam anônimos.

Na maioria das vezes, é muito difícil para grupos de traders comuns influenciarem o preço de ações negociadas em grandes volumes. Mas quando esses grupos acumulam centenas de milhares de investidores, a dinâmica muda. Agora, temos um poder coletivo capaz de *efetivamente* elevar os preços das ações. Somos uma legião, como Espártaco; podemos fazer o que quisermos. Quem poderá nos deter? É praticamente impossível punir milhões de pessoas — ainda mais quando é difícil descobrir suas identidades reais.

Basicamente, foi isso que aconteceu com a GameStop — e mais tarde com a AMC, uma rede de cinemas enfrentando dificuldades — quando um grupo de traders autoproclamados "degenerados" (que usavam nomes como Nom Chompsky, NachoMan16 e TheLordJesusHimself no Reddit) utilizou a plataforma de negociação Robinhood para impulsionar o preço das ações da empresa.

A Robinhood, devido à sua facilidade de uso, ausência de taxas de transação e acessibilidade ampliada para compra e venda de opções de ações, em comparação as plataformas tradicionais — antes restritas apenas aos traders profissionais — ajudou a escalonar rapidamente esse movimento. Em pouco tempo, milhões de usuários coordenavam suas ações (seguindo a diretriz de "comprar mais") em um subreddit chamado WallStreetBets.

No auge dessa onda, a Robinhood interrompeu as negociações das ações, privando muitos traders de participarem antes que os preços subissem ainda mais. Isso gerou grande indignação pública. Figuras políticas como Alexandria Ocasio-Cortez ("AOC") e o Senador Ted Cruz condenaram a ação como manipulação de mercado, alegando que favorecia investidores de Wall Street em detrimento dos traders independentes — mais reminiscente do Xerife de Nottingham do que das histórias de Robin Hood propriamente ditas. (A situação até virou meme: se tanto AOC quanto Ted Cruz estão do seu lado, quem você deve temer?)

No final das contas, a Robinhood se defendeu, negando qualquer culpa. Sabe como é — foi apenas um pequeno mal-entendido que custou centenas de milhões de dólares aos traders amadores. Sigam em frente, nada de anormal acontecendo aqui!

Independentemente de quem seja o culpado, a situação reforçou a percepção de que existem dois sistemas distintos e desiguais: um para os ultrarricos e outro para todos os demais.

"Meu Deus, Becky, Olha Essa Ação"

Entrar no universo do WallStreetBets (WSB) requer mergulhar em sua terminologia peculiar. Lá, os investidores são chamados de "apes" e as ações de "stonks". Os lucros são conhecidos como "tendies", uma abreviação de "chicken tenders" (tiras de frango). Se você compra tarde demais ou não vende a tempo, é rotulado como um "bagholder" (carregador de sacolas).

Essa subcultura é marcada por investimentos altamente pessoais, em que a paixão e a lealdade à causa são valores fundamentais. Claro que as pessoas só querem ganhar dinheiro, mas isso acontece segundo suas convicções. "Eu gosto dessa ação" é uma justificativa comum usada para comprar mais ações, mesmo a preços exorbitantes. "As ações só sobem" é outro mantra popular e frequentemente repetido, mesmo quando há evidências contrárias.

Fóruns como o WSB são projetados para prosperar com o viés de confirmação. Posts longos e apaixonados, explicando por que uma determinada ação está prestes a disparar recebem muitos votos positivos, enquanto os mais céticos ridicularizados ou ignorados com frequência.

Uma das minhas ideias favoritas no WSB foi o "índice Becky", um fundo composto por empresas preferidas por "universitárias brancas". Em vez de investir no S&P 500 e correr o risco de deter ações de marcas antiquadas, você poderia investir no $BECKY e ter participação em empresas como Starbucks, Lululemon, Ulta Beauty, Planet Fitness e Etsy.

Embora possa parecer bobo, não foi um mau investimento: o índice $BECKY terminou o ano com mais de 50% de valorização.*

* Inevitavelmente, alguém propôs um contra-índice conhecido como $CHAD, contendo ações de marcas de cannabis e cerveja. Até agora, no entanto, $BECKY superou o desempenho de $CHAD. ("O quê, é difícil?")

Seguro para o Trabalho: "Loss Porn"

Como tudo que acontece no mundo do Capitalismo Gonzo, há vencedores e perdedores. Muitas pessoas compraram ações memes com dinheiro que não podiam arriscar — e acabaram perdendo quando os preços despencaram e elas venderam tudo em pânico.

Se já parecia estranho que milhões de pessoas estivessem subitamente arriscando suas economias em empresas em dificuldades (como lojas de varejo e cinemas), ainda mais peculiar foi o fato de algumas delas parecerem *orgulhosas* em perder grandes quantias de dinheiro.

Em um determinado momento, o WSB estava tão saturado de capturas de tela e imagens de extratos de corretagem mostrando perdas financeiras, que o "loss porn" se tornou uma subcategoria própria — tão popular que os moderadores precisaram criar regras para controlar o volume de postagens: "As perdas devem ser de no mínimo US$5 mil. As posições devem estar fechadas antes de postar" — ou seja, perdas não realizadas não contavam.

Lembro-me de um usuário que postou sobre uma perda de 99,99% no ano. Ele começou com US$92 mil e ficou com apenas US$10,98. *Dói só de pensar...*

Mesmo assim, esse investidor não se deixou abater. Apenas alguns meses depois, ele estava de volta ao jogo, postando sobre opções de ações, o Federal Reserve e como as ações da Blockbuster haviam subido 700%.*

Será que esse orgulho estava enraizado em uma convicção profunda, que levava as pessoas a gastarem as economias por um compromisso com a causa — ou, tudo isso simplesmente escapou ao controle? No fim das contas, penso que a

* https://www.reddit.com/user/Negahnpoc.

resposta é um pouco de cada coisa. É difícil acreditar que as pessoas que esvaziaram as contas de aposentadoria estavam verdadeiramente felizes. Ao mesmo tempo, a sensação de que o dinheiro não é real é poderosa no WallStreetBets e em comunidades similares.

No final, não há um exemplo ou estudo de caso único que possa representar completamente esse fenômeno, pois ele impactou as pessoas *negativa* e *positivamente*. Assim como as diversas perspectivas em relação ao capitalismo, é uma questão um tanto *complicada*.

A Volta do Escambo, de Certa Forma

Antes da invenção do dinheiro, para adquirir um bem — como rum, açúcar ou óleo de baleia — as pessoas trocavam por outros bens de valor equivalente, como ferraduras ou peles de carneiro. Agora, 5 mil anos depois, o escambo está de volta.

Em certo sentido, é um movimento anticapitalista que busca substituir o sistema monetário atual por uma troca de bens mais transparente e resistente à inflação — pelo menos, é o que afirmam seus defensores. Na prática, boa parte disso parece envolver a criação de vídeos para redes sociais, a construção de um público e, em seguida, o aproveitamento da fama online para obter patrocínios.

Você deve ter ouvido falar de Kyle MacDonald, o "cara do clipe de papel vermelho" que trocou um clipe de papel até conseguir uma casa. Após 15 anos, Demi Skipper, uma jovem de 29 anos de São Francisco, replicou o experimento, começando com um grampo de cabelo. No entanto, há uma diferença crucial: Kyle adotou uma abordagem tradicional, enquanto Demi aproveitou as redes sociais modernas.

Com 4 milhões de seguidores no TikTok e mais de mil ofertas de troca chegando via mensagens diretas no Instagram todos os dias, sua missão setornou mais do que simplesmente encontrar um lugar para morar. Enquanto o cara do clipe de papel queria transmitir uma mensagem, Demi queria iniciar uma revolução. Para ela, o sistema moderno de escambo cria um terreno igualitário em um mundo desigual. Como declarou em uma entrevista ao The Guardian: "Acho que isso é uma espécie de 'fod**se' para o capitalismo".

Para seu mérito, Demi doou a casa que conseguiu por meio do escambo — e então começou tudo de novo com o que chamou de "segunda temporada". No entanto, a essa altura, isso já havia se transformado em uma empreitada profissional, se não em um verdadeiro modelo de negócios.

Alguns meses depois, Demi estava compartilhando um discurso diferente no Instagram: "Quer renovar seu espaço na próxima temporada? Eu e a Rugs.com temos um sorteio incrível para vocês".

A postagem estava marcada com uma divulgação padrão: Parceria paga com Rugs.com.

De um lado, o capitalismo está sendo questionado. Por outro, está mais forte do que nunca. Na esperança de aproveitar as vastas quantias de dinheiro movimentadas após o caso GameStop, algumas instituições começaram a lançar fundos negociados em bolsa (ETFs) baseados exclusivamente em ações memes.* Esses ETFs de ações memes surgiram com nomes chamativos (embora um tanto óbvios), como BUZZ, FOMO e MEME.

Surpreendentemente, foi constatado que investir em uma carteira de ações memes pode não ser a mais inteligente das

* Um ETF funciona de maneira semelhante a um fundo mútuo. Quando você compra ações nele, você adquire exposição a diversas ações diferentes.

ideias. No primeiro semestre de 2022, um ETF que agrupava 25 das ações mais populares "com base em alta atividade nas redes sociais" registrou uma queda superior a 55%.

Ainda não vimos o desfecho dessas histórias intrigantes. Espere por mais disfunções e volatilidade à medida que as instituições forem analisadas por grupos massivos e distribuídos de indivíduos trabalhando para coordenar seus esforços.

Tudo isso aponta para uma lição clara e fundamental: se você estiver tentado a entrar nesse jogo, seja cauteloso. Não arrisque mais do que pode perder.

Capítulo Doze

As Novas Regras do Dinheiro

CONCEITO: os conselhos dos "gurus de finanças pessoais" estão ultrapassados e precisam de uma atualização. Pare de se preocupar com cafés caros, aproveite a vida e aprenda a correr riscos assimétricos, em que as recompensas superam significativamente as possíveis perdas.

Se você já leu algum livro de finanças pessoais ou acompanha especialistas da área pelas redes sociais, provavelmente conhece alguns conselhos comuns. Por exemplo, não tente superar o mercado de ações; prefira investir em fundos de índice.

Comece criando um fundo de emergência antes de qualquer outra coisa.

Economize, economize, economize. Evite dívidas, exceto talvez por uma hipoteca e, mesmo assim, com cautela. Destrua ou pare de usar seus cartões de crédito.

São conselhos bastante padronizados, repetidos em todo lugar.

Certo, nem todos chegam ao ponto de recomendar que você literalmente destrua os cartões de crédito (embora alguns recomendem). Mas, no que diz respeito a investimentos, quase todos os especialistas em finanças pessoais vêm repetindo a mesma fórmula há décadas.

Outra dica que você já deve ter ouvido: para garantir uma vida confortável daqui a 40 anos, é necessário calcular um valor que permita manter seu estilo de vida sem um salário fixo, retirando apenas 4% do seu portfólio anualmente, sem tocar em suas economias.

Para chegar a esse valor, é necessário viver com a maior frugalidade possível, quitar todas as dívidas e, em geral, evitar ostentações ou qualquer gasto supérfluo. Assim, um dia, segundo a teoria, você poderá comprar cafés caros com o dinheiro que economizou ao não comprá-los antes. E a vida segue adiante, pelo menos, até que tudo se acabe.

Para ser justo, o conselho padrão não é de todo ruim. Para a maioria dos investimentos de longo prazo no mercado de ações, é provável que você tenha um desempenho melhor, em média, ao mobilizar seu dinheiro em fundos de índice que acompanham o mercado como um todo. (E é verdade que quanto mais uma pessoa comum tenta escolher seus investimentos, menor tende a ser seu retorno médio.)

No entanto, média é a palavra-chave. Se você busca resultados medianos, siga as regras correspondentes.

Hora das Novas Regras

Se você cresceu nos Estados Unidos, é quase certo que aprendeu que, caso se destaque na escola, conseguirá um bom emprego com salário alto, enquanto seus colegas menos disciplinados acabarão ganhando salário mínimo no Walmart ou Starbucks. Ainda que tenha crescido em outro país, é provável que a mensagem tenha sido parecida.

No entanto, um estudo que acompanhou alunos do sexto ano por 40 anos questionou essa narrativa. Aqueles descritos como "estudiosos" aos 12 anos realmente conseguiram bons empregos no futuro. Parece lógico, mas a verdade é que não foram eles que obtiveram os cargos *mais bem remunerados*. Esses foram conquistados pelos alunos mais rebeldes, que não seguiam as regras e, em alguns casos, abandonaram o ensino médio ou a faculdade.

Outro estudo reforçou essas constatações, revelando que os alunos com notas mais altas — que tendem a seguir regras à risca — tinham menos probabilidade de se tornarem milionários, comparados a seus colegas.

A indústria de finanças pessoais é baseada nas experiências de pessoas que se destacaram na vida seguindo as regras. Não é de surpreender, portanto, que, anos depois, essas pessoas tenham as próprias regras e esperem que todos os outros as sigam.

Já estamos cansados de ouvi-los. Mas o que podemos aprender com aqueles que largaram os estudos? Em vez de seguir o caminho seguro — um emprego estável, investimentos conservadores e assim por diante —, eles assumem grandes riscos com grandes ideias... e muitos são generosamente recompensados por elas.

Se todos os conselhos que recebe ao longo dos anos funcionam para você, não há necessidade de mudar nada. Mas, se leu o livro até aqui, é provável que esteja buscando estratégias que não se encaixem nesse modelo convencional.

Por que abandonar as regras agora?, você pode estar se perguntando. A resposta é simples: o mundo mudou. A própria natureza do dinheiro mudou. E o setor de tecnologia financeira ("fintech") continua a inovar, transformando o mundo das finanças de maneiras completamente novas.

Os conselhos tradicionais dos especialistas em finanças pessoais não se aplicam bem aos novos tipos de investimentos, incluindo muitos mencionados neste livro. Por exemplo, não existe um "Fundo de Índice Total do Mercado" para ativos digitais, já que novos ativos são constantemente criados. Além do mais, não faz sentido destruir seus cartões de crédito quando você pode acessar todas as suas contas por meio de um aplicativo no celular.

Neste capítulo, apresento um novo conjunto de regras para este mundo em constante mudança. Como qualquer conselho (meu ou de outros), adote o que funcionar para você e descarte o que não servir.

1. Pare de Tentar Acumular Tudo

Ninguém diz que seu objetivo principal na vida é acumular o máximo de dinheiro possível — mas muitas pessoas vivem dessa forma. Segundo essa mentalidade, o dinheiro se torna o objetivo em si, e não um meio para alcançar algo maior.

Toda uma indústria foi construída com base na ideia de que a missão final da vida é *ter o máximo de dinheiro possível* — como se a vida fosse um jogo de Banco Imobiliário. Pense no absurdo disso: a menos que você esteja guardando uma pilha de dinheiro embaixo do colchão, todo o dinheiro que tem é apenas um número em um computador — não tem valor real até o momento em que é gasto. Mesmo assim, essa filosofia tem milhões de adeptos, que tomam todas as decisões importantes com base nela.

Pergunte a si mesmo: se tivesse todo o dinheiro de que precisasse e mais, o que faria? Para muitas pessoas que alcançam esse objetivo, a resposta se reflete em seu comportamento: elas simplesmente redirecionam seu tempo e talentos para tentar acumular *ainda mais dinheiro.*

Mais uma vez, a maioria das pessoas não admite isso abertamente. Elas costumam dizer que as pessoas estão vivendo mais depois da aposentadoria; talvez mencionem "independência financeira". No entanto, quando atingem o tão esperado número, geralmente aumentam a meta e continuam a persegui-la.

Você pode pensar: *Eu não sou assim. Tudo o que preciso é de [insira um número grande aqui], e pararia por aí.* Mas a realidade é que provavelmente você não pararia, porque é assim que funciona o comportamento compulsivo.

Quando temos menos dinheiro do que gostaríamos, pensamos em como conseguir mais. Quando temos mais, pensamos em... conseguir mais ainda. À medida que sua renda cresce, aumentam também seus desejos e sua definição de segurança financeira. "Mas eu não considerei os impostos que teria que pagar" se torna "Mas eu não considerei os impostos sobre o combustível do meu jatinho".

Sempre que se sentir estressado por causa de dinheiro, lembre-se de que ele não é o propósito da vida. A vida é sobre relacionamentos, experiências, crescimento, alegrias, dores e tudo o mais que acontece no caminho.

Sei que alguém por aí deve estar pensando: *Bem, é fácil falar para quem já tem dinheiro.* E sim, é verdade que privilégios e riqueza facilitam tudo. Nem todos começamos na mesma linha de partida.

Mas considere outra verdade: algumas das pessoas mais ricas e privilegiadas também estão constantemente estressadas por causa de dinheiro. Elas podem ter várias casas e fazer muitas viagens luxuosas, mas não são menos infelizes do que qualquer outra pessoa.

Portanto, embora não haja problema em querer mais dinheiro — afinal, essa é provavelmente uma das razões pelas quais você está lendo este livro —, é importante manter as coisas em perspectiva.

O que convenientemente nos leva à regra número 2.

2. Não Caia na Armadilha da Simplicidade (Ou: Compre Experiências e Coisas)

A literatura sobre finanças pessoais adora exemplos que ilustram o quanto você pode economizar ao *deixar de comprar* regularmente um item por longos períodos de tempo. Esses exemplos incentivam uma vida simples e uma decorrente economia lenta e contínua: "Se você desistir da sua torrada com abacate e da sua assinatura do Prime hoje, um dia terá muito mais".

Pois bem. Em teoria, isso é verdade. Mas, na prática, há também alguns problemas — a inflação, por exemplo. Como todos vimos na economia pós-pandemia, quando os preços continuam subindo, a mesma quantia de dinheiro vale menos.

Além do mais, muita gente está aproveitando a vida enquanto você supostamente deveria estar pensando nos brunches extras que poderá comprar daqui a 30 anos.

Se você já procurou conselhos sobre como economizar dinheiro, provavelmente se deparou com o mantra *Compre experiências, não coisas*. A ideia é que "coisas" (posses materiais) proporcionam um retorno sobre o investimento menor, em termos de felicidade, do que "experiências".

Já passou da hora de derrubar esse aforismo. Não porque seja necessariamente falso, mas porque, como muitos memes ou adesivos de para-choque, é um pouco clichê. É claro que as experiências *podem* trazer mais felicidade do que as coisas; mas o oposto também pode ser verdadeiro. Se você já se sentiu culpado ao *comprar coisas que o fazem feliz*, provavelmente é por causa dessa filosofia.

Há muito tempo, eu costumava me preocupar com todo tipo de gasto, até mesmo os mais triviais. Isso me deixava ansioso por motivos irracionais — afinal, eu não iria à falência se comprasse um sanduíche, mas era assim que me sentia.

Eu poderia ter economizado alguns dólares fazendo meu almoço em casa? Talvez. Só sei que a minha vida melhorou muito quando parei de questionar cada pequena compra que fazia.

Sim, ver o pôr do sol é uma baita experiência — e gratuita, ou seja, não há qualquer compensação entre vê-lo e não vê-lo. Também não há nada de errado em querer comprar um sofá novo.

3. Pare de Se Preocupar com Dívidas

Milhões de pessoas vivem ansiosas por causa de dívidas de consumo e empréstimos estudantis; quem pode culpá-las, visto que muitos gurus financeiros ensinam que toda dívida é ruim e que o objetivo final é viver sem dívidas? Para milhões de pessoas, no entanto, esse objetivo cai na categoria de "ótimo, se você conseguir". Além disso, para muitas, viver sem dívidas não é apenas irreal, mas uma má ideia.

E se, em vez de se preocupar com a dívida, você buscasse adiá-la pelo máximo de tempo possível? Afinal, é isso que governos e outras grandes instituições fazem: continuam pegando muito dinheiro emprestado, sistematicamente, sem se preocupar com as consequências. Por que você não deveria fazer o mesmo?

Algumas das pessoas mais ricas do mundo se endividam com regularidade. Até Mark Zuckerberg, que valia aproximadamente US$110 bilhões na época, fez uma hipoteca para sua casa de US$6 milhões. Larry Ellison, cuja fortuna gira em torno de US$103 bilhões, usa uma linha de crédito cuja garantia são suas ações da Oracle. Dependendo da fonte que você consultar, sua linha de crédito varia de US$4 a US$11 bilhões. Ele então usa essa linha de crédito para pagar praticamente qualquer coisa que queira.

É verdade que as despesas de Larry são diferentes das nossas: ele precisa cobrir os custos de cinco casas em Malibu, pelo menos, um iate digno de um vilão de James Bond e a sexta maior ilha do Havaí — que agora lhe pertence. A questão é que Mark e Larry se endividam porque sabem que podem ganhar mais com seu dinheiro investido no mercado do que se ele estivesse preso em "equidade imobiliária". E isso não vale apenas para bilionários — também se aplica a nós.

Portanto, em vez de se estressar com a rapidez de quitar suas dívidas, considere como poderia fazer esse dinheiro trabalhar a seu favor. Pague ou consolide dívidas de juros altos, é claro, mas há dívidas que podem ser uma ferramenta para melhorar sua vida, e não um fardo para deixá-lo abatido.

A APPLE É TÃO RICA QUE RECORRE A EMPRÉSTIMOS

A Apple tem o maior montante de dinheiro disponível entre todas as empresas do mundo: mais de US$200 bilhões, de acordo com a última contagem. Esse valor não inclui seus investimentos, sua capitalização de mercado ou suas holdings em Dogecoin; é *dinheiro em espécie*, devidamente guardado.

No entanto, a Apple também tem uma grande quantidade de dívidas, superior a US$100 bilhões. Você pode estar se perguntando: por que não usam todo esse dinheiro parado para quitar essas dívidas?

A resposta curta é que isso já foi tentado uma vez, e não deu certo. Em 1998, a Apple estava em uma situação difícil, com quase US$1 bilhão em dívidas. A empresa havia demitido Steve Jobs e depois o recontratou, na esperança de que ele liderasse a recuperação da empresa.

E foi exatamente isso que Jobs fez, lançando uma série de produtos revolucionários, como o iPhone e o iPad.

Com os lucros gerados, a empresa quitou todas as suas dívidas. Levou alguns anos, mas em 2004, Jobs escreveu aos funcionários para anunciar esse triunfo. "Hoje é um dia histórico".

Milhões de computadores e dispositivos caros continuaram a ser vendidos, e quase uma década depois, a Apple se tornou a primeira empresa do mundo a valer US$1 *trilhão*.

Por volta dessa época, a empresa começou a pegar empréstimos novamente.

Isso mesmo. A principal gigante da tecnologia (e uma das empresas mais bem-sucedidas do planeta) decidiu ir ao banco e solicitar um crédito. Em pouco tempo, sua dívida voltou a ultrapassar os US$500 milhões.

Se a Apple fosse um país, seria o oitavo mais rico do mundo. Seu valor superaria o da Rússia, Brasil e Canadá juntos. Você poderia somar o PIB de quinze países do Pacífico Sul, incluindo Austrália e Nova Zelândia — e a Apple ainda valeria mais do que todos eles juntos.

Apesar de toda a sua riqueza, a Apple optou por viver como muitos consumidores: pegando grandes quantias emprestadas.

4. Aprenda a Assumir Riscos Assimétricos

Aprender a assumir os tipos certos de riscos pode ser extremamente vantajoso ao longo da vida. Alguns dos melhores riscos são *assimétricos*, ou seja, a probabilidade de algo dar terrivelmente errado é muito menor do que o potencial de ganho.

Um exemplo clássico é o investimento em opções de ações. Com opções, você aposta no preço de um ativo para uma data futura. Se o preço não atingir o alvo, você perde apenas a oportunidade de comprar a um preço baixo — e nada mais. O máximo que pode perder é o valor pago pela opção. Por outro lado, o potencial de lucro é ilimitado. Se o ativo valorizar (ou desvalorizar, dependendo da aposta) 500%, seu lucro será de 500%.

Só para deixar claro: não estou sugerindo que você se torne um day trader. Negociar opções de ações ativamente não é para os fracos. No entanto, há dois princípios importantes: *os tipos certos de riscos valem a pena* e *a inação às vezes pode ser mais arriscada do que o próprio risco*. Em outras palavras, se você não comprar o bilhete da loteria, suas chances de ganhar são inexistentes.

Esse princípio se aplica a muito mais do que apenas negociações financeiras. Onde mais podemos encontrar risco assimétrico? Vamos considerar um exemplo na carreira. Quando Damion Taylor foi demitido do trabalho em gerenciamento de redes sociais, decidiu experimentar a vida como freelancer.

Em vez de anunciar seus serviços em plataformas como o Fiverr, que funcionam como grandes mercados para freelancers, ele teve uma ideia diferente. Ele acessou o LinkedIn e começou a contatar empresas que estavam recrutando para cargos permanentes de gerenciamento de redes sociais, mesmo sabendo que ele queria trabalhar apenas por contrato.

Sua abordagem foi não convencional, mas eficaz: "Oi, sei que vocês estão procurando um funcionário permanente, mas posso realizar essa tarefa para vocês a um custo menor, como freelancer". A maioria das empresas contatadas o ignorou, mas algumas ouviram e lhe deram uma oportunidade. Hoje, ele ganha

US$10 mil por mês com uma carteira de clientes que cresceu tanto que ele precisa recusar trabalhos para evitar o burnout.

O método de Damion foi uma aposta assimétrica clássica, com risco limitado e potencial ilimitado. Agora é a sua vez: aprenda a identificar atividades que apresentam pouco ou nenhum risco, mas com potencial para ganhos dez vezes maiores.

Pergunte-se: "O que eu poderia tentar que não seria tão ruim se falhasse, mas que seria incrível se funcionasse?"

5. Nunca Pague por Algo que Você Pode Obter de Graça

Algumas das experiências mais incríveis da vida podem ser obtidas de graça, e não estou falando apenas de assistir ao nascer do sol ou aprender a "viver de maneira simples". Refiro-me a coisas pelas quais a maioria das pessoas paga, mas que podem ser gratuitas — se você procurar nos lugares certos. Um exemplo claro são as muitas viagens que fiz de graça — ou quase — por milhas aéreas e pontos de hotel.

Na primavera de 2008, minha meta de visitar todos os países do mundo estava a todo vapor. Eu já tinha visitado cerca de 60 países, mas precisava conhecer muitos para cumprir a meta de visitar todos antes de completar 35 anos, em 2013. Quando comecei a blogar sobre a experiência, muitas pessoas queriam saber como eu estava pagando por isso. *Não sai muito caro visitar todos os países do mundo?*

Minha primeira resposta era destacar meu estilo de vida simples: eu não tinha um carro, me mantinha livre de dívidas e priorizava gastar no que era importante para mim: experiências de vida, como viajar. Tudo isso era verdade, mas no ano seguinte, aprendi outra lição importante: eu não precisava viver de forma tão frugal para alcançar meu objetivo de visitar todos os 193 países, porque grande parte do custo dos meus voos e hotéis poderia ser paga por outras fontes.

Não, eu não tinha patrocinadores. Nenhuma empresa fez um depósito para bancar minhas viagens, a menos que estivessem me levando para falar em uma conferência. (E, considerando que eu precisava visitar lugares como Somalilândia e Uzbequistão, não havia muitos países que sediassem conferências na minha lista.)

O que eu tinha era uma estratégia para obter o dinheiro por meio de recompensas de cartões de crédito.

Naquela época, eu já havia solicitado cartões de crédito com milhas, então conhecia bem o processo: você obtinha um cartão que oferecia um bônus de adesão na forma de milhas de programa de fidelidade ou pontos de hotel, cumpria o requisito de gastos e recebia o bônus. Na maioria dos casos, você cancelava o cartão ou simplesmente o guardava e se esquecia dele até a cobrança da taxa anual no ano seguinte.

Como já dominava o básico, decidi lançar um experimento público. Ao longo de algumas semanas, pesquisei minuciosamente e compilei uma lista de todos os cartões de recompensa disponíveis. Então, solicitei *todos*, ou, pelo menos, os que ofereciam bônus mais atraente.

Em cerca de seis semanas, acumulei 300 mil novas milhas aéreas e pontos de diversos programas. As recompensas eram melhores naquela época e os custos, menores. O valor dos pontos me possibilitou visitar uma dúzia ou mais de países sem custo adicional, e eu continuei fazendo exatamente isso.

Nos anos seguintes, repeti esse processo várias vezes, geralmente adquirindo seis ou mais cartões de uma vez só. A oferta não era ilimitada, mas era abundante. Não fui recusado em nenhum cartão, e o impacto negativo no meu crédito foi mínimo. Mesmo agora, ainda consigo ganhar pelo menos 200 mil milhas ou mais por ano dessa maneira.*

---

* Quando realizei meu "Desafio de Viajante Frequente", os bônus dos cartões eram, em média, menores do que são atualmente. Hoje em dia, é comum ganhar 100 mil milhas ou pontos com um único cartão. Ao mesmo tempo, as tabelas de

Escolhi fazer isso pelas milhas e pontos, que eram mais valiosos para mim do que qualquer outra recompensa. Mas também existem muitos cartões que oferecem outros benefícios valiosos, como transferências de saldo gratuitas e isenção de juros por longos períodos, às vezes de até 18 meses.

Isso equivale a dezenas de milhares de dólares em empréstimos gratuitos disponíveis, pelo menos, para quem tem um bom crédito e consegue gerenciar cuidadosamente um portfólio de contas, garantindo que os saldos sejam quitados antes que as altas taxas sejam cobradas.

Por que as operadoras de cartões oferecem essas condições? Porque sabem que a maioria das pessoas *não administra* bem essas ofertas, o que representa uma aposta segura para elas.

Mas você não precisa seguir o exemplo da maioria. Se consegue pagar o capital emprestado no prazo e sem deixar de cumprir nenhum pagamento, por que não aproveitar essa oportunidade?

Caso saiba onde procurar, dinheiro gratuiro pode vir de muitos lugares. Desde relatórios de crédito gratuitos até empréstimos com juros baixos oferecidos pela Administração de Pequenas Empresas, até o governo oferece dinheiro de graça. Além disso, financiamentos bancários às vezes podem ser perdoados ou simplesmente adiados indefinidamente.

O famoso ladrão de bancos Willie Sutton disse uma vez: “Por que roubar um banco? Porque é lá que está o dinheiro”. Talvez isso fosse verdade na sua época, mas, hoje em dia, pode ser mais fácil simplesmente pedir dinheiro do que tomá-lo pela força.

---

resgate de milhas também foram desvalorizadas. Assim como em qualquer outro lugar, existe inflação no mundo das milhagens.

6. Incendeie o FIRE

O movimento conhecido como FIRE — acronônimo em inglês para "financial independence, retire early, que significa "independência financeira, aposentadoria antecipada" — existe há algum tempo, mas só ganhou força com o advento das redes sociais. E é fácil entender o porquê: esse movimento ajudou muitas pessoas a pensar sobre seus objetivos de longo prazo e a levar o planejamento financeiro mais a sério. No entanto, também direcionou muitas pessoas para um plano e estilo de vida que não estão funcionando no momento presente.

O método FIRE envolve o uso de modelos matemáticos que geralmente assumem um objetivo de US$$50 mil em renda passiva e uma taxa de retirada de 4% do capital total de uma pessoa a cada ano. Trabalhando com planilhas sofisticadas, os praticantes chegam a um número (às vezes, chamado de O Número) de dólares que precisam acumular antes de alcançarem ~~o nirvana~~ a independência financeira.

Um modelo típico do FIRE é mais ou menos assim:

Objetivo de US$50 mil em renda passiva

Suposição de uma taxa de retirada de 4%

Capital necessário: **US$1,25 milhão**

Dito de outro modo, para alcançar uma renda passiva de US$50 mil por ano com uma taxa de retirada segura de 4%, você precisaria acumular US$1,25 milhão em capital. Se o objetivo é uma renda passiva anual de US$100 mil, você precisaria de US$2,5 milhões, e assim por diante (estou simplificando algumas coisas para este exemplo).

Então, qual é o problema com isso? Bem, é ótimo se você já tem o dinheiro! Também é perfeitamente aceitável se você está disposto a passar 20 anos ou mais em busca desse objetivo.

Mas digamos que você seja como a maioria das pessoas:

- Você está longe de economizar US$2,5 milhões, ou qualquer que seja seu número mágico.
- Você quer construir riqueza geracional em vez de apenas viver da sua renda passiva.
- Você não quer sacrificar todo o seu estilo de vida pela promessa de riqueza em um futuro distante.
- Você *sabe* que existe uma forma melhor e quer fazer parte dela. Você contribui com seu fundo de aposentadoria e tenta tomar decisões financeiras sábias. Mas também se pergunta: *O que estou perdendo?*

Parte do que você está perdendo é a chance de obter retornos maiores de investimentos não tradicionais, sobre os quais falaremos a seguir.

7. Invista uma *Pequena* Percentagem de Suas Economias em Investimentos Alternativos

Não fui um investidor inicial em Bitcoin (infelizmente), mesmo tendo ouvido falar a respeito muito antes de se popularizar. Não me arrependo de não ter investido pesado na criptomoeda naquela época, pois, no momento de sua criação, não havia qualquer garantia de sucesso. Na verdade, considerando que várias moedas digitais anteriores haviam fracassado, as chances de sucesso não eram grandes.

Ainda assim, me arrependo de não ter colocado *uma pequena quantia de dinheiro* — o suficiente para não me importar se perdesse. Esse foi o meu erro: ouvir sobre uma oportunidade interessante e ser cético demais para arriscar até mesmo uma pequena quantia.

Nos últimos anos, não faltaram notícias prevendo a queda catastrófica das criptomoedas. Se acompanha notícias do mercado financeiro, certamente já viu manchetes como "Bitcoin despenca 60% desde os recordes históricos" ou "Colapso do mercado de cripto liquida trilhões da noite para o dia".

É verdade que o mercado de criptomoedas é propenso a oscilações intensas e imprevisíveis, às vezes custando grandes somas de dinheiro aos investidores em um curto período. Mas uma "oscilação", por definição, significa que o que desce também sobe, e para cada vez que o Bitcoin despencou, também houve longos períodos em que continuou a subir. Mesmo no verão de 2022, quando a moeda teve uma das quedas mais acentuadas de sua história, ainda estava sendo negociada cinco vezes acima dos níveis pré-2020 (o que significa que, se você tivesse comprado Bitcoin antes de 2020, seus ativos ainda valeriam cinco vezes o que você pagou por eles), e os cenários apocalípticos que muitos críticos previram nunca se materializaram.

Ou seja, embora o mercado de criptomoedas seja inegavelmente volátil, a realidade é que, se a maioria das pessoas tivesse alocado até mesmo 1% de um portfólio típico de aposentadoria em Bitcoin nos seus primeiros dias, esse pequeno investimento agora valeria mais do que todo o restante do portfólio somado.

Portanto, a questão não é "Devo investir meu dinheiro em Bitcoin ou em ações?", mas sim "Quais são as melhores porcentagens para investir em cada classe de ativos?"

Minha sugestão é *investir pelo menos 3% (e até 8%)* do seu portfólio em investimentos alternativos. Isso permite que você permaneça financeiramente conservador enquanto ainda arrisca em algo novo. No pior cenário, você perde o dinheiro. No melhor cenário, esses investimentos superam significativamente qualquer outro que você tenha.

E, evidentemente, não precisa ser um investimento em Bitcoin. A maioria dos jogos jogue para ganhar usa diferentes tipos de ativos digitais. Os mercados de previsão geralmente usam stablecoins, vinculadas a uma moeda fiduciária (como dólares americanos) em uma proporção de 1:1.

Pode-se também investir em propriedades imobiliárias digitais no metaverso, NFTs ou qualquer outra novidade que surja nos próximos anos. Isso não significa que você deva comprar muitos NFTs aleatórios só porque parecem legais, ou colocar 8% dos seus ativos em qualquer nova moeda que seja lançada. Em vez disso, faça sua pesquisa, entre *relativamente cedo* e fique atento à volatilidade.

Novos tipos de ativos estão sendo lançados o tempo todo. Como será o metaverso em 5 anos e como será sustentado economicamente? Nós não sabemos. Simples assim.

Talvez, em algum momento, a verdadeira eficiência de mercado chegue para esses ativos, e, nesse ponto, será melhor para a maioria das pessoas adotar um modelo mais passivo para esse tipo de investimento, assim como fazem com fundos de índice de ações.

No entanto, essa mudança ainda está a anos de distância, se é que verá a luz do dia. No futuro previsível, é possível para o cidadão comum obter retornos acima da média com investimentos ativos. Mas, como qualquer outro tipo de investimento, não é isento de riscos, então você deve investir apenas o que pode se dar ao luxo de perder.

8. Faça Staking de Investimentos para Retornos Excepcionais

De 1920 até 2020, a maioria das pessoas nos EUA e em outros países ricos ganhou a maior parte de seu dinheiro por meio de um dos dois métodos: *trabalho* ou *investimentos*.

A renda por meio do trabalho significa, basicamente, *trabalhar*, seja para um empregador ou como autônomo. Já os retornos de investimentos geralmente incluem dividendos de ações, títulos e contas de poupança, além de ativos não financeiros como ouro ou obras de arte.

É provável que esses dois métodos existam para sempre, mas em 2020, um terceiro método começou a ganhar força: uma combinação engenhosa dos outros dois, chamada *staking*.

Então... o que é isso?

Em termos práticos, staking é muito parecido com depositar dinheiro em uma conta poupança. O banco consegue emprestar seu dinheiro, gerando lucro para si, e, em troca, lhe dá uma parte dos lucros sob a forma de juros.

Com o staking, contudo, você deposita seu dinheiro em um token ou conta de blockchain. Basicamente, isso fornece a liquidez que um projeto precisa para operar e crescer, e você é recompensado com juros, a uma taxa maior alta do que receberia com investimentos tradicionais.

Em suma: faça staking com seu dinheiro e ganhe mais dinheiro.

Para entender como funciona: suponha que encontramos uma maneira empolgante de trazer melhorias muito necessárias para a indústria de delivery, usando blockchain, IA e outros conceitos que parecem inovadores e impressionantes. O único problema é que não temos capital para iniciar o projeto.

Para arrecadar fundos, criamos um token digital e o chamamos de HOTS (de *hotcakes*). No entanto, para que se torne viável e estável, nosso projeto precisa de liquidez — precisamos de muito mais pessoas operando com ele. Caso contrário, ficará vulnerável a "baleias", que depositam grandes somas de dinheiro e depois retiram seus lucros abruptamente. Sem liquidez, nosso projeto de hotcakes não sai do papel.

Como fazer com que as pessoas forneçam a liquidez necessária para estabilizar nosso token? Bom, ninguém trabalha de graça. E é aí que entram os investidores: convidamos investidores individuais a fazer staking de fundos para o HOTS em troca de juros e recompensas. Todos lucram com nosso atrativo token!

Duas Formas de Ganhar

Logo após começar a experimentar protocolos de staking, entendi uma de suas características mais potentes: *você ganha recompensas mesmo quando o preço do ativo subjacente cai.* As recompensas têm o potencial de aumentar seus retornos gerais — ou, pelo menos, compensar suas perdas caso o mercado não o favoreça.

Passei por isso no início de 2022, quando o Bitcoin caiu mais de 40% em relação ao seu recorde histórico. A maioria dos mercados de criptomoedas ainda é altamente dependente do preço do Bitcoin; quando ele cai, todo o resto tende a seguir o mesmo caminho. Como milhões de outros, em poucos dias vi alguns de meus investimentos caírem mais de 40%.

Não é o ideal!

O conselho padrão durante quedas livres no mercado é não entrar em pânico, manter o curso e esperar que os preços eventualmente se regulem. Só que, enquanto isso, seus ativos em staking continuarão a acumular recompensas.

Esse sim é um bom conselho.

Todos os dias, independentemente das oscilações ruins do mercado geral, eu recebia mais recompensas na forma de tokens em minha conta. Eu não estava feliz por perder (pelo menos, no papel) boa parte do meu investimento original, mas era ótimo ver mais e mais tokens sendo adicionados automaticamente aos meus rendimentos.

Fiz as contas e percebi que, graças às recompensas de staking, com tempo suficiente eu ainda poderia sair no lucro *mesmo se o preço nunca se recuperasse.*

Obviamente, esse não seria o melhor resultado. Entrei nesse tipo de investimento agressivo para obter retornos excepcionais, não para igualar a taxa de pagamento dos títulos do governo. Mas, ainda assim, era muito melhor do que investir apenas em ativos que não proporcionavam qualquer tipo de recompensa intermediária. Esse é o verdadeiro poder do staking. Você tem duas maneiras possíveis de ganhar: por meio da valorização do preço *e* das recompensas diárias de staking.

STAKING: COMO COMEÇAR

A maneira mais simples de iniciar no staking é por meio de uma exchange centralizada como Coinbase, Binance ou Crypto.com. Elas adoram ajudá-lo a começar, já que ficam com uma parte de tudo o que você ganha.

Experimentei isso com Ethereum, a segunda maior criptomoeda do mundo. Só percebi que a Coinbase cobrava uma comissão de 25% sobre os retornos depois que meu ETH já estava bloqueado — e, uma vez que fiz essa escolha, não havia como voltar atrás. Além de ganhar menos à medida que mais pessoas entravam no pool de staking, eu ainda tinha que pagar uma grande parte dos meus ganhos à Coinbase.

Quando você está começando, as exchanges agregam valor ao simplificar transações complexas.

Se decidir entrar no staking, veja algumas dicas para ajudar no processo.

Vá com calma e acelere conforme ganhar confiança. Como em todas as estratégias deste livro, não se afobe. Seja cauteloso e tire um tempo para aprender a respeito do tema.

Se tiver um portfólio significativo, destine uma pequena porcentagem para o staking. O staking é uma estratégia de investimento de risco médio. Não é tão agressiva quanto investir tudo na última ação meme, nem tão conservadora quanto manter todo o seu dinheiro em fundos de índice.

Diversifique seus investimentos. Não coloque tudo em um único investimento, mas também não espalhe demais. O conhecimento é cumulativo, sobretudo em uma indústria nova que está se desenvolvendo tão rapidamente. Com novos conhecimentos, surgem novas oportunidades.

Depois que você entender melhor, saia da exchange. Como mencionado, as exchanges cobram comissões altas pela conveniência. Se eu tivesse compreendido melhor esse processo, poderia ter evitado a Coinbase e economizado nas taxas indo diretamente pela rota DIY (faça você mesmo).

O que Pode Dar Errado?

Conheci um cara, em um dos grupos do Discord que eu monitorava, que uma vez me escreveu entusiasmado sobre uma estratégia que ele havia desenvolvido. Ele me enviou uma planilha no Google protegida por senha, afirmando que ela mostrava um método de investimento que proporcionava um retorno anual garantido de 70%.

Ele dizia que esse retorno absurdamente alto era alcançável por meio de uma série de movimentos complexos. Era necessário fazer staking de fundos em um protocolo, pegar empréstimos contra esse capital e, em seguida, alocar esses fundos em outro token. Por alguma forma de... alquimia matemática que eu não compreendia... seria possível obter esse retorno incrível sem grandes riscos.

Para constar, meu amigo não é do tipo que acredita que o governo falsificou o pouso na Lua ou que a vacina contra a Covid contém um chip de rastreamento. Mas, de alguma forma, ele não sentia o mesmo ceticismo que a maioria dos investidores teria ao ouvir sobre um retorno anual "garantido" de 70%.

De fato, essa estratégia acabou sendo vulnerável a dois grandes problemas que ele não previu. Primeiro, quando a maior parte do mercado desabou, os tokens subjacentes sofreram uma enorme queda de valor. Segundo, a blockchain Harmony, onde esses tokens estavam, foi atacada por hackers da Coreia do Norte, que roubaram mais de US$100 milhões.

Embora o dinheiro não seja real, essa forma específica de dinheiro falso acabou valendo muito menos do que o esperado.

A questão é que investir em ativos digitais não está isento de riscos. Diferentemente do dinheiro tradicional, não há nenhuma agência federal que assegure seus investimentos. Se você mantém dinheiro em uma conta bancária nos EUA, o FDIC garante que até US$250 mil estarão seguros. Outros países também oferecem proteções semelhantes.

Porém, independentemente de onde você viva, provavelmente não terá seguro ou proteção para os ativos digitais que depositar. E aí reside a desvantagem da governança descentralizada: não há uma autoridade central para intervir se você for vítima de um hack ou golpe.

O Token Inspirado em *Round 6*: Onde Todos ~~Morrem~~ Ficam Pobres

Às vezes, os próprios desenvolvedores hackeiam seus projetos, esvaziam as contas dos usuários e fogem com o dinheiro. Isso é conhecido como "rug-pull", porque os usuários raramente percebem o que está acontecendo. Surpresa! Sua conta está vazia. (Sim, as fraudes realmente vêm de dentro da casa.)

Aproveitando o sucesso da série Round 6, da Netflix, um grupo anônimo lançou o $SQUID, um token que prometia aos seus detentores a chance de participar de um jogo temático "jogue para ganhar" inspirado na série.

Exceto que não havia jogo — ou talvez houvesse, mas o criador anônimo era o único jogador, e seu objetivo principal era roubar dinheiro dos participantes. Menos de um mês após seu lançamento, tudo foi sacado. O valor do $SQUID despencou de US$2,861 para *quase zero*.

Os 43 mil detentores de $SQUID ficaram sem nada, enquanto os criadores anônimos fugiram com US$3,36 milhões.

E foi isso. O caso recebeu pouca atenção, exceto por alguns artigos online sobre a ascensão e queda do $SQUID, e não houve nenhuma tentativa real de recuperação ou punição.

O que poderia ser feito? Os criadores do token eram anônimos e haviam encoberto bem seus rastros. "Desculpe por qualquer inconveniente causado", disseram em uma mensagem de despedida.

No caso do $SQUID, os sinais de alerta eram difíceis de ignorar: o site e o white paper que descreviam o projeto estavam cheios de afirmações extravagantes e erros gramaticais, e no canal do Telegram do token, apenas os criadores do projeto podiam postar mensagens. Também era bastante claro que nem a Netflix nem o criador do programa tinham qualquer relação com o projeto.*

No entanto, muitas vezes, os sinais de alerta não são tão óbvios. Criadores de projetos mal-intencionados frequentemente deixam "indícios" (como mencionado antes), mas as legiões de hackers que monitoram constantemente o código e os contratos inteligentes desses projetos em busca de vulnerabilidades costumam ser indetectáveis. Se algo não foi escrito corretamente desde o início — ou se uma funcionalidade adicionada posteriormente apresenta uma falha de segurança não percebida — essa vulnerabilidade pode ser explorada para obter lucro.

A boa notícia é que essas preocupações mantêm muitos programadores alertas. Criadores de projetos honestos sabem que proteger os fundos dos usuários é essencial, e, por isso, contratam especialistas competentes e investem em auditorias regulares do código.

Web3 é um exemplo de sistema que prospera e se desenvolve no caos. Esse conceito é o que o autor de *A Lógica do Cisne Negro*, Nassim Taleb, define como "antifrágil". Assim como cada acidente de avião torna a indústria aérea mais segura a longo prazo devido ao conhecimento obtido nas investigações, cada violação de segurança em uma moeda digital é analisada para aprimorar a proteção de projetos futuros.

Isso também explica por que entrar *cedo* — sem necessariamente ser o primeiro — em uma moeda digital promissora ou em um projeto baseado em blockchain costuma ser uma

* Como observou um comentarista: "Se todos tivessem assistido ao programa, saberiam que só poderia haver um vencedor".

estratégia mais eficaz. Quando você entra no início, o risco de ser enganado ou hackeado é maior. Uma vez que o projeto começa a atrair atenção, está em operação por um período razoável (mas não excessivamente longo) e a equipe responsável estabelece um histórico, a probabilidade de ser uma fraude diminui.

Não Se Esqueça: Tudo É Tributável

Perder todo o seu dinheiro para um golpista é o pior cenário possível. Já no melhor dos cenários, você enfrentará um problema diferente. Agora que ganhou muito dinheiro, é provável que deva uma boa parte dele em impostos.

Assim como você paga impostos sobre outras formas de renda — como emprego e ganhos de capital —, também precisa pagar sobre os rendimentos de staking. Isso pode parecer um problema positivo (e, de modo geral, é), mas ainda assim pode causar dificuldades.

Um exemplo comum: seu token favorito teve um ano excelente, e você recebeu muitos benefícios. Isso significa, é claro, que você terá que pagar uma quantia considerável de impostos sobre eles.

Você pode presumir que, na hora de declarar seu imposto, irá sacar o necessário para pagar a conta. Afinal, você não quer retirar os lucros muito cedo e perder possíveis retornos adicionais!

Mas então, em uma reviravolta inesperada acontece: sua moeda favorita desvaloriza em janeiro. Agora, você ainda deve muito dinheiro ao governo, mas tem menos para pagar.

A melhor forma de evitar esse cenário indesejado é *realizar os lucros* ao final de um ano lucrativo. Durante meu ano de experimentos, aprendi repetidamente que, se você não planejar a realização dos lucros, pode acabar em uma situação pior.

"ERRO: INCAPAZ DE CALCULAR APY"

Quando comecei a explorar as finanças descentralizadas (DeFi), me deparei com o conceito de yield farming (ou "mineração de liquidez"), uma atividade complexa que envolve o staking de pares de moedas para obter altos rendimentos. E qual é o retorno desses rendimentos? Alguns projetos prometiam retornos de 300% ou mais!

Esse valor representa a APR (Taxa Percentual Anual), mas ao reinvestir as recompensas, o APY (Rendimento Percentual Anual) pode ser significativamente maior.

Calcular o APY é um processo complicado, por isso é útil utilizar ferramentas online. No entanto, logo me deparei com um problema: a maioria das ferramentas gratuitas disponíveis não conseguia calcular rendimentos tão elevados, geralmente retornando uma mensagem de erro (como "Incapaz de calcular APY").

Era como se a calculadora estivesse dizendo: "Opa, vai com calma!" Isso pode ser visto como uma metáfora para o DeFi em geral; ao mesmo tempo, contudo, quem reclamaria de rendimentos *altos demais*?

Finalmente, encontrei uma ferramenta que funcionava bem, ou, pelo menos, não se autodestruía quando eu fazia projeções.* A lição que aprendi é que, mesmo sendo possível converter APR em APY, é prudente realizar lucros periodicamente para evitar grandes perdas.

* https://www.thecalculatorsite.com/finance/calculators/daily-compound-interest.php.

Para quem ainda se pergunta se vale a pena investir em ativos digitais, a resposta é sim! Mas com uma abordagem cautelosa, em que esses ativos não representem uma grande parte do seu portfólio de investimentos.

Os conselhos tradicionais do setor de finanças pessoais precisam de atualização. Lembre-se: conselhos medianos podem funcionar para algumas pessoas, em alguns momentos. Mas se você busca resultados acima da média, precisará ir além.

Portanto, pare de se preocupar, comece a viver e aprenda a correr riscos cujas recompensas superam em muito as possíveis perdas.

Posfácio

Enquanto eu finalizava este livro, os rappers Drake e 21 Savage lançaram um álbum novo. De acordo com os materiais de imprensa e as postagens nas redes sociais, o lançamento veio acompanhado de uma enxurrada de publicidade: eles estamparam a capa da *Vogue*, se apresentaram no *Saturday Night Live*, deram entrevistas para o programa *Tiny Desk* da NPR e para Howard Stern. Para coroar tudo isso, ainda levaram o Grammy de Álbum do Ano.

O mais intrigante, porém, é que *nada disso era real*. Todo a hype foi fabricada. Não houve aparição no *SNL*, a capa da *Vogue* postada no Instagram foi criada no Photoshop, o clipe da suposta entrevista com Howard Stern era um deepfake, e o Grammy daquele ano já havia acontecido antes mesmo do lançamento do álbum. Tudo não passou de uma estratégia de marketing genial.

A campanha foi bem-sucedida a tal ponto, que quase teve o mesmo impacto, como se tudo tivesse acontecido. Howard Stern chegou a exibir o clipe da entrevista falsa em seu programa, e o *Tiny Desk* parabenizou os rappers em suas redes sociais — inclusive os convidou para "fazerem uma aprensetação de verdade".

Pensei nessa história enquanto revisava os capítulos finais do livro. O álbum de Drake e 21 Savage é um reflexo claro da economia atual: ousado, criativo e irreal, até se tornar real.

Até onde irá a criatividade desmedida do Capitalismo Gonzo? Só o tempo dirá. Quanto a mim, deixei a Britney para lá, mas continuei apostando em outras áreas. Nas eleições de meio de mandato, ganhei US$400 apostando contra Herschel Walker na campanha para o Senado da Geórgia. Obrigado, Herschel! Enquanto isso, o PredictIt continuava sua batalha legal com a Commodity Futures Trading Commission (CFTC). O site pode não estar mais ativo quando você ler isto, e, se for o caso, outras oportunidades certamente surgirão para ganhar dinheiro apostando no futuro.

O crash das criptomoedas atingiu em cheio o mundo dos jogos jogue para ganhar, deixando muitos projetos à beira do colapso. Mas, alguns jogos conseguiram se sair melhor do que outros, e eu segui investindo em animais virtuais que realizavam tarefas diárias em troca de tokens. Agora, olhando em retrospecto, além de me sentir aliviado que os eSports não surgiram cedo o bastante para me distrair aos 20 anos de idade, acredito que foi até positivo os jogos baseados em blockchain não serem perfeitos desde o início. Caso contrário, talvez eu nunca tivesse terminado de escrever esta obra.

Nos meses que se seguiram, o avanço da IA continuou a ganhar ritmo, com inovações surgindo o tempo todo. Infelizmente, as ferramentas de escrita baseadas em IA ainda não eram boas o suficiente para me ajudar a concluir este livro dentro do prazo. (OU SERÁ QUE ERAM??)

Tenho ouvido cada vez mais histórias de pessoas que trabalham em múltiplos empregos ao mesmo tempo, ou que aceitam empregos apenas pelo salário, sem se dedicarem a eles. E, em meio a tudo isso, MrBeast continua produzindo vídeos. *A máquina de fazer dinheiro não para.*

Falando em máquinas de fazer dinheiro: Sam Bankman-Fried, o jovem fundador da exchange de criptomoedas FTX, viu sua fortuna de US$20 bilhões evaporar em um único dia, levando-o a ser extraditado de sua cobertura nas Bahamas. Antes de ser preso, ele deu uma série de entrevistas bizarras, incluindo uma em que declarou seu desprezo por livros. "Eu nunca leria um livro", disse ele a um repórter. "Não quero dizer que nenhum livro deve ser lido, mas, na verdade, acredito em algo bem próximo disso. Acho que, se você escreveu um livro, você errou; deveria ter sido um post de blog de seis parágrafos."

Pessoalmente, sou apaixonado por livros e tenho a sorte de trabalhar com pessoas que compartilham essa paixão. Meu agente, David Fugate, e eu estamos juntos há oito livros e seguimos firmes. David até sugeriu que eu usasse uma capa de arte gerada por IA para este livro, mas descobri que minhas habilidades artísticas se limitam a desenhos a lápis de gatos tomando milkshakes. Os seres humanos reais da Macmillan Publishers, no Reino Unido, fizeram um trabalho infinitamente melhor. Ranka Stević, Olya Iver e parte da equipe da Little, Brown Spark também deram uma contribuição valiosa.

Minha editora, Talia Krohn, investiu um esforço notável neste manuscrito. Juntos, aplicamos nossos critérios de edição mais rigorosos e removemos quase todas as referências ao Velho Oeste (admito que havia muitas na versão inicial.) Também limitamos o uso da palavra *disrupção* a uma vez... bem, talvez duas.

Agradeço sinceramente a Jedd Chang, Nat Eliason, Jonathan Fields, Jolie Guillebeau, Mary Guillebeau, Nick Hajal, Matt Levine, Sara Mohtashamipour, Lisa Sansouci e David Van Veen. Cada um deles teve um papel crucial nesse processo.

Por último, sou profundamente grato pela oportunidade de escrever livros e de interagir com tantas pessoas fascinantes. Se você já acompanha meu trabalho há algum tempo, minha gratidão é especialmente para você. (Se está conhecendo meu trabalho agora, inscreva-se na minha newsletter semanal em ChrisGuillebeau.com.)

Sei que nem tudo neste livro será aplicável a todos. Confie na sua capacidade de discernir o que funciona para você e o que não funciona. Independentemente do caminho que escolher, lembre-se: muitos dos sistemas que encontrará ao longo da vida são projetados para pessoas comuns. Se você busca resultados comuns, portanto, siga um plano comum.

Recentemente, a economia global parece ter perdido o sentido — ou, pelo menos, essa é a impressão que ficou. Apesar dos muitos altos e baixos, o surgimento do Capitalismo Gonzo representa um ponto de inflexão significativo na história das finanças e do dinheiro.

Refletir sobre a economia durante e após a pandemia pode parecer uma cena de sonho em algum filme. Você pode se indagar: *Tudo aquilo realmente aconteceu? E já acabou?*

A resposta definitiva é: Sim, por mais surreal que tenha sido, aquilo realmente aconteceu.

E já acabou?

Não, de jeito nenhum. Está apenas começando.

Chris Guillebeau

31 de dezembro de 2022

Índice

Símbolos

A

B

C

D

E

F

G

H

I

J

K

L

M

W

Y

Z